Nessun altro dio

Nessun altro dio

Perché è importante oggi una completa lealtà all'Unico Dio vivente

SERIE I DIECI COMANDAMENTI

Marja Verschoor-Meijers

Poiché, sebbene vi siano cosiddetti "dèi" sia in cielo sia in terra, come infatti ci sono molti dèi e molti signori, tuttavia per noi c'è un solo Dio, il Padre, dal quale sono tutte le cose, e noi viviamo per lui, e un solo Signore, Gesù Cristo, mediante il quale sono tutte le cose e mediante il quale anche noi siamo.

1 Corinzi 8:5-6

Indice

I valori centrali del Cristianesimo
Come è cominciato tutto
Bibliografia

1° Comandamento

Allora Dio pronunciò tutte queste parole:
«Io sono il SIGNORE, il tuo Dio, che ti ho fatto uscire
dal paese d'Egitto, dalla casa di schiavitù.
Non avere altri dèi oltre a me.

Esodo 20:1-3 (NR)

Introduzione

Beati coloro che confidano nel Signore, e che non si rivolgono ad idoli o si uniscono a coloro che adorano falsi dèi.

Salmo 40:4*

Mio marito ed io siamo cresciuti entrambi in famiglie cristiane, i nostri genitori mantenevano le tradizioni religiose trasmesse dai loro genitori e nonni e le hanno trasmesse a noi. All'età di sedici anni eravamo più interessati alle cose che il mondo aveva da offrire che alla religione e abbiamo smesso di andare in chiesa.

Non abbiamo mai negato l'esistenza di Dio, ma allo stesso tempo non abbiamo mai neanche fatto una decisione consapevole di seguire Cristo. La fede personale non era predicata nella nostra chiesa, e in quel periodo della nostra vita, eravamo convinti che il modo in cui eravamo cresciuti, fosse sufficiente pr essere chiamati Cristiani. Abbiamo cominciato a girare il mondo con il nostro zaino, difendendo all'occasione anche la nostra eredità cristiana. Certo, non eravamo Hindu, Buddisti o Musulmani, e lo dicevamo apertamente.

Avevamo un piede nel Regno di Dio e uno nel mondo, per così dire. Avevamo conoscenza dei valori biblici di fondo, ma non eravamo alla ricerca di una vita dedicata. Come la maggior parte della società occidentale, credenti e non, conoscevamo i Dieci Comandamenti e in molti Paesi questi, sono la base per il sistema giuridico. In un certo modo formano il 'codice morale' per una società sicura e sana.

Ora, questo 'codice morale' è sotto attacco da tutti i possibili fronti. Infatti, tutto ciò che è basato sulla Parola di Dio e i Suoi principi è messo in discussione e contraddetto. La lobby agguerrita per la rimozione degli standard di Dio per una società sicura e sana, ha radice nel malvagio proposito di allontanare le persone dal cuore di Dio e dalla Sua Parola. Un'intera generazione ha perso contatto con i valori centrali del Cristianesimo, e questo ha fornito una base perfetta al nemico per entrare nella vita delle famiglie, la vita della chiesa, la vita culturale e l'arena politica, Abbiamo dato al nemico, spesso attraverso pronunciamenti della Corte Suprema, mano libera per portare avanti il suo piano... allontanare le persone dal Dio che le ha create.

Quest'allontanamento da Dio stesso, dai valori e principi descritti nella Sua Parola, non è stato liberatorio come ci si aspettava, ma ha dato il via alla caduta della civilizzazione. Ha prodotto la distruzione di società sane e della famiglia tradizionale. Ha dato vita ad una generazione confusa su quasi tutto: verità, proposito, identità, clima, ecc. L'apostolo Giacomo descrive questo stato di cose così:

Ma se qualcuno di voi manca di sapienza, la chieda a Dio che dona a tutti liberamente senza rimproverare, e gli sarà data. Ma la chieda con fede senza dubitare, perché chi dubita è simile all'onda del mare, agitata dal vento e spinta qua e là. Non pensi infatti un tal uomo di ricevere qualcosa dal Signore, perché è un uomo dal cuore doppio, instabile in tutte le sue vie (Giacomo 1:5-8).

Quando la nostra lealtà è divisa tra Dio e il mondo, diventiamo instabili in ogni cosa che facciamo. Pensateci! Una vita instabile e una società instabile sono il risultato di una fedeltà divisa. Detto in breve, non possiamo avere un piede nel Regno di Dio e uno nel mondo. Non possiamo servire due padroni; non possiamo servire Dio e il mondo. Lo cantava anche Bob Dylan: 'You gotta serve somebody (devi servire qualcuno ndt).' Questa è una verità elementare. Le persone possono pensare di non servire nessuno e si definiscono atei o agnostici, ma di fatto, in realtà, servono qualcuno. O serviamo Dio, o altri dèi, e lo vedremo in questo libro.

'Nessun altro dio' è il decimo e ultimo libro di questa serie e tratta il primo comandamento dove Dio ci esorta a non avere altri dèi davanti a Lui. Il primo comandamento è molto più di una semplice regola, una legge, un decreto, o solo una mera proibizione. In essenza è una chiamata alla santità. La mia libera interpretazione si riduce a 'Nessun compromesso', cosa abbastanza radicale in un mondo pieno di accomodamenti, di scelte e di alternative. Vogliamo tutto e possiamo avere tutto, ma nel frattempo diventiamo sempre più confusi e meno concentrati. La grande confusione, che sia mentale, emotiva, fisica o spirituale è la malattia del nostro tempo.

Come cristiani non dovremmo mai mischiare la nostra fede in Dio con le lusinghe di questo mondo. È un terreno pericoloso... instabile e la Bibbia ci avverte ripetutamente di non addentrarci in quella direzione. 'Non avrai altro dio al di fuori di me', significa molto di più che astenersi dall'adorare idoli. Naturalmente, se tutto va bene, non abbiamo altri dèi nella nostra vita oltre al Signore. Ma, vogliamo essere onesti... quanto è grande l'influenza del mondo nelle nostre vite? Stiamo rifiutando di farci corrompere da esso? Alle volte sembra che questa sfera malvagia si stia richiudendo su noi ed è una sensazione paurosa. Ma c'è speranza, c'è sempre speranza!

Questo libro è una chiamata ad una lealtà totale verso il Signore. È una chiamata ad onorare il Dio di Abramo, Isacco e Giacobbe come il Dio supremo, il Creatore del cielo e della terra e onorare la Sua Parola. È altresì una chiamata a riconoscere le influenze distruttive di principati e potenze, demoni e deità, false pratiche religiose e delle forze delle tenebre. Al termine della battaglia spirituale in cui ci troviamo, dobbiamo essere trovati vittoriosi e con una forte fede. È imperativo decidere ora di levarci e riprenderci ciò che il nemico ha rubato. Il nostro obiettivo deve essere vivere come Dio aveva pensato all'inizio: per ricevere benedezione e frutto, essere contenti e incoraggiati, grati e diventare un'ispirazione per le generazioni a venire.

Prima di proseguire la lettura, per favore preghiamo ad alta voce insieme. Ci aiuterà a ricevere tutto ciò che lo Spirito Santo vuole sussurrare al nostro orecchio.

Caro Padre Celeste,

Grazie che sei supremo sopra tutti gli dèi. Grazie che non c'è potenza maggiore nell'universo del Tuo amore, della Tua grazia e del Tuo perdono, che supera le tenebre. Grazie per avermi dato speranza e una prospettiva eterna.

Spirito Santo aiutami a vivere la mia vita di devozione rivolta solo a Dio. Aiutami ad essere un esempio per le persone intorno a me, che possano vedere Gesù in me. Apri i miei occhi alle verità meravigliose della Tua Parola; voglio imparare di più e diventare saggio in mezzo alla follia che vedo in questo mondo. Ti onoro come Insegnante e Consigliere, sapendo che Gesù ti ha mandato perchè rimanessi con noi fino alla fine dei giorni. Chiedo tutto nel potente nome di Gesù. Amen.

Marja Verschoor-Meijers

1

Egli è supremo

Non rivolgetevi agli idoli, e non fatevi divinità di metallo fuso. Io sono il Signore, vostro Dio.

Levitico 19:4

La maggior parte dei ristoranti in India sono molto modesti, o almeno, quelli dove vanno quasi tutti coloro che viaggiano con gli zaini. Alcuni semplici tavoli e delle sedie malferme, quasi nessuna decorazione salvo qualche foto degli dèi e dèe Hindu. E poi c'è la musica...ad alto volume.

Lo so, non perché abbia guardato un programma di National Geographic, ma perché ci sono stata. Durante gli anni novanta del secolo scorso, eravamo viaggiatori con lo zaino in spalla, e direi che eravamo piuttosto radicali. Il mio ragazzo, (successivamente mio marito), ed io viaggiavamo girando tutto il globo, alle volte per mesi. Ritornavamo a casa, trovavamo dei lavori temporanei, per non finire il denaro e allo stesso tempo risparmiavamo per il viaggio successivo.

Abbiamo vissuto in questo modo per parecchi anni e abbiamo visitato più di cinquanta Paesi in continenti diversi. Viaggiare con lo zaino in spalla era un'avventura e allora non c'era internet e neanche connessione tramite telefono cellulare. Eravamo soli, con il solo ausilio di una guida tra le mani...naturalmente di carta.

Ricordo che eravamo in uno di questi ristoranti, e ci stavamo godendo del curry e pane di naan appena sfornato. Tra le figure degli dèi appese al muro, c'era anche una figura di Gesù. Sì, la tipica figura di Gesù come si trova nel mondo occidentale. Una specie di hippy amichevole con lunghi capelli e barba, con la gentilezza che brilla dai Suoi occhi. Sebbene non fossimo credenti allora, sembrava fosse facile innomararsi di Lui a prima vista. Ricordo che chiesi al ristoratore come mai Gesù fosse lì, tra i loro dèi. Cosa c'entrava Lui con l'induismo? La risposta fu semplice: 'Era un uomo buono e saggio. Ci piace.'

Abbiamo scoperto che alcune persone in India, come il proprietario del ristorante, continuano ad aggiungere figure mistiche, guru dei giorni nostri, e altre entità divine all'elenco dei loro dèi. Vi ricordo che l'induismo riconosce varie deità e milioni di dèi e dèe. Una più o una meno, non cambia. Dobbiamo aver guardato il ristoratore con uno sguardo piuttosto perplesso, perchè aggiunse: 'Non si hanno mai abbastanza dèi.'

In realtà, quella logica era al di fuori della nostra comprensione. Eravamo cresciuti in una casa Cristiana e avevamo sempre compreso che un solo Dio era più che sufficiente per tutto! Un solo Dio, il Creatore dell'universo, il Re dei re e Signore dei signori, e Lui non aveva seri rivali, per quanto ne sapessimo noi. In fondo, se sono necessari un milione e oltre di dèi per rendere vivibile la vita, qualcosa non torna a riguardo della potenza e la presenza di questi cosiddetti dèi, vero?

Pensate di dovervi rivolgere ad un dio differente quando il tempo deve cambiare, quando manca il cibo o l'acqua, quando la povertà o la malattia viene a bussare alla vostra porta, quando avete bisogno di protezione, guida o direzione. Santo cielo, renderebbe la vita piuttosto complicata. Per i popoli abituati al concetto di politeismo, credere e adorare più di un dio, è abbastanza normale e accettabile, ma è lo stesso per coloro che sono cresciuti nel monoteismo come il Cristianesimo, il Giudaismo e l'Islam – a cosa servono tanti dèi, se sai che il tuo Dio è supremo sopra tutti gli altri?

Ebbene, questa avrebbe potuto essere una buona domanda per gli antichi Israeliti che erano stati scelti, coccolati e amati da Dio, eppure spesso correvano dietro ad altri dèi. Tutto l'Antico Testamento racconta di queste disastrose scappatelle spirituali. Leggiamo storie di individui che adoravano altri dèi e anche in Israele, come Nazione, moltissimi non obbedivano all'ordine di non avere altri dèi. Infatti, l'idolatria (l'adorazione degli idoli) è stato un modello costante nella storia d'Israele. Solo dopo l'esilio questa adorazione idolatrica di altri dèi tra i Giudei è cessata per un tempo.

Nella Torah, i primi cinque libri della Bibbia, sono molte le circostanze dove è ripetuto che non c'è nessun Dio come Yahweh, il Dio d'Israele e che il popolo avrebbe tratto grande beneficio dall'adorare e obbedire solo a Lui. In Deuteronomio 10:17 ad esempio si afferma:

...perché il Signore vostro Dio è il Dio degli dei, (supremo su tutti gli dèi) il Signore dei signori, il Dio grande, forte e terribile, che non usa parzialità e non accetta regali...

Supremo su tutti gli dèi. Lo trovo molto interessante. Quindi, ci sono degli altri *dèi*! Come ho scritto in precedenza in questo capitolo, sono cresciuta con l'insegnamento di un solo Dio, il Dio d'Israele, il Dio della Bibbia. Anzi, a casa nostra e nella nostra chiesa, non abbiamo mai parlato di altri dèi, demoni, spiriti malvagi. Questi argomenti non erano trattati nella chiesa d'appartenenza in cui siamo cresciuti. Guardando indietro posso vedere il pericolo che deriva da questa ignoranza, infatti, credo che il diavolo rida di questa lacuna, fa parte del suo piano paralizzare la chiesa.

Dio è supremo sopra gli altri dèi, come abbiamo letto... quindi, chi sono questi altri dèi? La Bibbia parla di altri dèi? Sì, ne parla e sovente. Mi spiego meglio - se non ci fossero altri dèi, non ci sarebbe bisogno del primo comandamento, e renderebbe inutili gli altri nove, o perlomeno questionabili. Consideriamo dunque il primo comandamento molto seriamente, come scritto dal dito di Dio, forse ci aiuterà a guardare in modo nuovo le parole. Cosa dice precisamente il primo comandamento? Leggiamo insieme Esodo 20:1-3 dove rileviamo quanto segue:

Dio allora pronunciò tutte queste parole: 'Io sono il Signore, tuo Dio, che ti ho fatto uscire dal paese d'Egitto, dalla condizione di schiavitù: non avrai altri dèi al di fuori di me'

Non avrai altri dèi al di fuori di me. Amen. Sembra abbastanza chiaro e sarebbe l'ideale per un breve sermone sulla fedeltà assoluta verso Dio, ma ancora di più, questo comandamento non sarebbe necessario se non esistessero altri dèi. Questa è la mia umile ma ferma conclusione e questo ci porta al soggetto di questo ultimo libro della serie I Dieci Comandamenti nel 21° secolo: l'avvertimento contro altri dèi e la chiamata a vivere una vita di fede e lealtà senza compromesso verso il Dio di Abraamo, Isacco e Giacobbe.

Il primo comandamento dovrebbe dirigere il nostro pensiero su diversi punti. Dio si identifica come il grande Io Sono, come il Dio che ha portato gli Israeliti fuori dalla casa di schiavitù - ed è lo stesso Dio oggi. Egli non è cambiato. Lui libera dai legami le persone ogni singolo giorno, in tutto il mondo; è ancora Colui che affranca le persone dalla schiavitù. Schiavitù dal peccato, dalle droghe e alcool, pornografia, gioco e dall'avarizia, dalla povertà, ira, egoismo e paura, solo per nominarne alcuni.

Non so quale fosse o sia la vostra casa di schiavitù, ma sappiate che Egli sarà sempre il Signore nostro Dio e desidera che le persone camminino in libertà. Quella preziosa e cara libertà è esattamente la ragione per cui la Scrittura continua con 'non avrete altri dèi al di fuori di me'. Dio fondamentalmente sta affermando: 'O Io, o nessun altro!' Un avvertimento chiaro e semplice contro una lealtà divisa per quanto riguarda la fede in Dio.

Il primo comandamento parla dell'esistenza di altri dèi, e in realtà, questo è strano nel contesto di una religione monoteistica, come accennato prima, perché indica che è necessario guardare il primo comandamento sotto una prospettiva più ampia. Sì, ci sono altri dèi, e no, non dovremmo metterli davanti a Dio.

La Bibbia Wycliffe lo dice così: 'Non avrai dèi alieni davanti a me (non avrai dèi stranieri [altri], al posto mio/ invece di me).' Mi piace la parola 'alieni' che fa intendere la provenienza da un paese straniero, ma anche 'non familiare e inquietante' o 'disgustoso'. Per rendere meglio l'idea, Dio vuole essere un Dio personale sia per i Giudei che per i Gentili. Vuole essere conosciuto per nome, per la Sua Parola, per il Suo Figlio Gesù, e per lo Spirito Santo che sarà con noi per sempre.

Di conseguenza, servire o adorare dèi alieni equivale a rifiutare la Sua mano stesa e il Suo amore eterno. La devozione verso altri dèi prenderà alla fine il posto del Dio che dovremmo amare con tutto il nostro cuore e tutta la nostra mente e forza.

Forse penserete che questo libro non sia di vostro interesse, perchè non state servendo altri dèi, siete fedeli al Dio della Bibbia; oltre a questo, è un comandamento dell'Antico Testamento e ora viviamo in tempi diversi. Ebbene, seguitemi e vi prometto che questo libro vi lascerà qualcosa. Potrebbe essere:

- rivelazioni che potrebbero portare nuova visione al vostro cammino di fede;
- una rinnovata comprensione che vi aiuterà ad ammaestrare altri e indirizzarli verso la giusta direzione;
- nuova conoscenza dei cosiddetti dèi che operano ai giorni nostri nella nostra società, cultura, politica, religione e nei nostri governi.

C'è una ragione per cui l'ultimo libro di questa serie parla del primo comandamento, un comandamento di grande importanza per tutti noi oggi. Un comandamento che ci aiuterà ad alzarci in fede mentre il mondo che conosciamo continua a sbriciolarsi. Tutte le lezioni che abbiamo imparato dai libri precedenti hanno il loro culmine in questo. E prego che le parole che scriverò vi possano benedire.

Meditate su quanto segue:

- *Qual è la mia visione personale del Dio della Bibbia?*
- *Come posso descriverlo ad un non credente?*

Riportate i vostri pensieri:

2

Egli è santo

Chi è pari a Te Signore, tra gli dèi, chi è pari a Te mirabile in santità. Chi può operare prodigi come Te?

Esodo 15:11

Ci siamo ritrovati in un luogo di pellegrinaggio per caso. Stavamo viaggiando nel Sud Europa con il nostro vecchio furgone camper Citroën, ed eravamo arrivati nella bella provincia dell'Andalusia in Spagna. Non so se siete mai stati in Andalusia, ma come la maggior parte delle regioni Spagnole, sono ricche di folklore e tradizione, eredità culturale e pratiche religiose. Veramente da vedere!

Siamo arrivati nella piccola cittadina di El Rocío, dove si trova il sito e la statua di 'Nostra Signora di El Rocío' che ogni anno attrae milioni di pellegrini da tutta la Spagna. Il festival e il pellegrinaggio dura diversi giorni. Per le persone che non sono cresciute nell'ambiente cattolico, è abbastanza strano vedere giovani e anziani che danzano in processione, mentre trasportano e alle volte baciano una statua. Guardavamo con interesse e consideravamo. L'adorazione ci pareva un poco eccessiva allora, ma dopo pensai che il baciare una statua è semplicemente un modo per riconoscere ed esprimere amore e rispetto per la persona o idea che la statua rappresenta. Voglio dire, ho visto persone baciare l'Oscar o il Golden Globe, e altre baciare la Coppa d'oro dei mondiali di calcio; ho visto persone baciare la Bibbia, la terra dell'aeroporto di Tel Aviv in Israele, e i piedi della statua di Gesù. Le persone che lo fanno sono felici, entusiaste, travolte da emozioni e spesso grate, e inviamo baci perchè il mondo lo possa vedere. Non diamo molta importanza a questo.

Le persone hanno sempre cercato modi di esprimere il loro amore e devozione per la loro famiglia, la loro tribù, il loro sport, il loro Paese, i loro dèi e così via. Allo stesso modo, le persone hanno sempre cercato modi di esprimere il loro amore per Dio e la Bibbia. Lo hanno fatto componendo musica, dipingendo quadri, costruendo cattedrali, e sì, forse anche baciando la statua della Vergine Maria o altri personaggi. In questo senso mi rendo conto che siamo tutti diversi e tutti siamo cresciuti con tradizioni e rituali differenti.

Il problema nasce quando la nostra devozione nel creare delle cose per loro, supera quella per Colui che è supremo su ogni cosa. Davvero non c'è nulla di nuovo sotto il sole, perchè l'apostolo Paolo per quest'abitudine ha scritto un avvertimento severo. In Romani 1:22-23 possiamo leggere questo:

Benché si dichiarino sapienti, sono diventati stolti, e hanno mutato la gloria del Dio incorruttibile in immagini simili a quelle dell'uomo corruttibile, di uccelli, di quadrupedi e di rettili.

Come sono diventate stolte le persone? Per dirla tutta, come diventa stolta un'intera società? Scambiando la gloria di Dio con immagini, con idoli e con statue. Questo è esattamente ciò che il popolo d'Israele fece in continuazione, come leggiamo nella Bibbia. Sebbene il loro cammino come popolo scelto fosse (ed è ancora), molto specifico, per certi versi non è molto diverso dal nostro. Siamo tutti pellegrini e in qualche modo tutti condividiamo gli stessi errori; per questo l'avvertimento di non seguire 'altri dèi', non è solo un soggetto dell'Antico Testamento, ma è universale e senza tempo. Le parole dell'Apostolo Paolo mi ricordano il Salmo 14:1 (NLT):

Lo stolto ha detto nel suo cuore, "non c'è Dio."

Chi vuole essere chiamato stolto? Io no.

In questo contesto sarebbe molto interessante leggere in 1 Corinzi capitolo 10 a riguardo dell'idolatria d'Israele, ed è una chiara lezione per noi oggi. (Ne parleremo più avanti in questo libro). L'apostolo Paolo inizia il capitolo dicendo: 'Non voglio che siate nell'ignoranza'. Non vogliamo essere ignoranti, vero? Le esperienze degli antichi Israeliti ci servono da esempio. Ogni cosa è stata riportata per ammaestrarci, per edificarci e incoraggiarci a vivere una vita che piaccia a Dio.

L'errore che facciamo e il peccato che commettiamo non possono tenere lontano Dio; infatti, è questa la ragione per cui ha esteso la Sua grazia e il perdono. Possiamo vedere questo concetto in tutta la storia biblica. Sebbene gli antichi Israeliti abbiano commesso tanti errori, erano e sono l'oggetto dell'amore di Dio:

Ecco, al Signore tuo Dio appartengono i cieli, i cieli dei cieli, la terra e quanto essa contiene. Il Signore predilesse soltanto i tuoi padri, li amò e, dopo loro, ha scelto tra tutti i popoli la loro discendenza, cioè voi, come oggi (Deuteronomio 10:14-15).

Non lasciatevi ingannare, Dio non ha cambiato idea per quanto riguarda il popolo d'Israele. Il Suo amore copre moltitudine di peccati, anche l'idolatria, ed è ancora così. In realtà, tutto il mondo è oggetto del Suo amore! Lo possiamo leggere nel versetto forse più famoso dell'intera Bibbia, in Giovanni 3:16:

Perchè Dio ha tanto amato il mondo che ha dato il Suo unigenito Figliolo, affinché chiunque crede in Lui, non perisca ma abbia la vita eterna.

Che siano gli antichi Israeliti, i Giudei dei giorni nostri, o i Gentili, a tutti è stata data la libertà (mentale e spirituale), di rispondere al Suo amore o di ignorarlo. A tutti è stata data la libertà di metterlo al primo posto nelle nostre vite e adorare solo Lui, o dargli un posto inferiore tra le varie cose e persone che richiedono il notro tempo, denaro e devozione. Non sarebbe male chiederci di tanto in tanto se Lo amiamo ora come quando Lo abbiamo conosciuto all'inizio, o se il nostro primo amore è stato raffreddato dalle cose che il mondo ci offre. Rimanere fedeli è un valore centrale per i credenti. La nostra gratitudine e devozione verso Dio si esprime nella nostra fedeltà verso Lui. Ho scritto riguardo a questo nel mio libro 'Primo amore'.

Il primo comandamento è chiaro: non dobbiamo avere altri dèi davanti a Lui. La vera domanda per i credenti di oggi è: Lui è veramente primo in ogni nostro pensiero, parola o azione? Quando soffriamo, ci rivolgiamo prima a Lui? Quando abbiamo dei problemi, glieli presentiamo prima per richiedere consiglio ad altri? Quando siamo preoccupati, ci rivolgiamo a Lui per avere pace? Quando dobbiamo prendere una decisione importante, cerchiamo il Suo consiglio, e ricerchiamo nella Sua Parola?

È così facile dire che non abbiamo altri dèi e magari puntiamo il nostro indice religioso verso altre culture e religioni chiamandole idolatre. In questo libro vorrei richiamarvi ad un'introspezione delle nostre vite e abitudini per vedere se veramente Lo mettiamo al primo posto in ogni cosa. Sono certa che avete sentito dire a dei Cristiani dopo aver fatto tutto quello che potevano nelle loro forze: 'Ora tutto ciò che possiamo fare è pregare'. Perchè non iniziare con la preghiera? Perchè non ricercare prima Dio, e poi se Lui rimane in silenzio possiamo andare dal dottore, in banca, dallo specialista, dal terapista o dal consulente.

Credo sinceramente che abbiamo bisogno di invertire le nostre azioni e mettere Dio al primo posto. Non sto parlando di cosa facciamo in chiesa, sto parlando della nostra vita di tutti i giorni. Nessun altro dio, questo non lascia molto spazio per vivere una vita che si affida alle convenienze e sicurezze di cui ci siamo circondati.

Solo Dio merita la gloria e onore perchè solo Lui è santo. Voglio esprimerlo così: solo Lui merita i nostri baci e la nostra lode!

Meditate su quanto segue:

- *Come posso descrivere l'amore di Dio per il mondo?*
- *I miei pensieri su 'altri dèi'...*

Riportate i vostri pensieri:

3

Egli è glorioso

Ha mai un popolo cambiato dèi? Eppure quelli non sono dèi! Ma il mio popolo ha cambiato colui che è la sua gloria con un essere inutile e vano.

Geremia 2:11

Stavamo viaggiando con i nostri zaini nel Sud-est Asiatico e dopo diverse settimane di esplorazione dell'isola di Giava, in Indonesia, abbiamo preso un traghetto per andare nell'isola vicina, la bella ed esotica Bali. Avevamo preso in affitto una piccola moto da 100cc per viaggiare nell'isola che è famosa per la sua natura bellissima, le risaie terrazzate, la cultura variopinta e la superba cucina.

Bali è anche conosciuta come la 'terra degli dèi'. La religione principale dell'isola è l'Induismo, sebbene l'Islam si sia propagato velocemente negli ultimi decenni. La religione Indù praticata nell'isola è abbastanza diversa rispetto a quella che si vede in Tailandia o in India per esempio. È più una forma di ciò che noi chiameremmo Animismo. Tutto ha una deità che vive all'interno o è posseduta da un dio. Il calendario festivo di Bali quindi è pieno di eventi religiosi di ogni tipo per onorare i diversi dèi, e questi eventi richiedono una grande varietà di rituali.

Ricordo che quasi ogni casa o luogo di accoglienza aveva un piccolo tempio all'ingresso, così come si potrebbe trovare la cassetta delle lettere negli USA o una casetta per accogliere gli uccellini. Questi piccoli templi servono come luogo per le offerte quotidiane di cibo per gli dèi, spiriti e avi. I proprietari della casa mettono un piccolo cesto intrecciato di bambù pieno di riso, fiori, incenso, dolci e alle volte persino sigarette, la qual cosa ti fa riflettere.

Queste offerte sono un gesto di gratitudine verso gli dèi dell'isola. Non ricordo esattamente cosa viene fatto con il cibo offerto agli dèi, se i proprietari lo gettano via il giorno successivo o se viene mangiato dagli uccelli. Ad ogni modo, ogni giorno in questo piccolo tempio viene posta una nuova offerta. Compiacere gli dèi è parte della quotidianità sull'isola di Bali e l'adorazione degli dèi e le deità è intessuta nella società.

Certamente, non tutti gli abitanti partecipano e mantengono queste antiche credenze, ma come turista si può vedere e sentire che l'atmosfera è fortemente influenzata da tutte queste pratiche religiose. Sebbene le cose siano in qualche modo cambiate da quando eravamo lì, in generale, i Buddisti, Cristiani, Indù, Musulmani e

Animisti vivono insieme senza grandi problemi, promuovendo così la coesistenza. Coesistenza significa vivere insieme in pace nonostante le differenze, e questi possono essere gli obiettivi, valori, ideologia, religione, razza, nazionalità, etnia, cultura e altre cose. Ultimamente è anche diventata una religione popolare in Israele.

L'esistenza di altri dèi e religioni, naturalmente, non è nuova. La prima volta che sono menzionati altri dèi nella Bibbia è in Genesi 31, quindi molto prima che fosse data la Legge a Mosè. In Genesi possiamo leggere il racconto di Giacobbe che fuggiva da suo zio Labano. La moglie Rachele, rubò gli idoli familiari del padre e li mise sotto al basto di un cammello, dove poi si sedette. Labano li cercò in tutta la tenda, ma non trovò i suoi idoli. Giacobbe era all'oscuro di tutto e quando scoprì che sua moglie aveva realmente questi idoli tra le sue cose, disse alla sua famiglia e a tutti coloro che erano con lui di liberarsi degli dèi stranieri, di purificarsi e di indossare abiti puliti. La trasgressione era veramente seria.

Gli idoli stranieri erano un pericolo e dovevano essere distrutti. Possiamo leggere in Genesi 35:4 come lo fecero:

Essi diedero a Giacobbe tutti gli dèi stranieri che erano nelle loro mani e gli anelli che avevano agli orecchi;

Giacobbe li nascose sotto la quercia che è presso Sichem.

Gli altri dèi che erano una costante distrazione e pericolo per la lealtà degli Israeliti, erano dèi delle altre nazioni e religioni che vivevano intorno a loro. Erano dèi fatti da mano d'uomo, anche chiamati idoli o statue. Possiamo leggerlo nel Salmo 135:15,

Gl'idoli delle nazioni sono argento e oro, opera di mano d'uomo.

Molte persone hanno adorato e creato dèi, invece di adorare il Creatore stesso – e credo sia lo stesso ancora oggi. Le persone adorano la natura invece di Colui che ha chiamato ogni cosa in essere. Le persone adorano un traguardo accademico, invece di Colui che è fonte di ogni sapienza. Era così nell'antichità, quando i popoli che circondavano gli Israeliti adoravano idoli fatti da mano d'uomo, cosiddetti dèi che non potevano parlare, vedere o ascoltare, eppure le persone li adoravano con tutta la loro forza e potere, aspettando un segno di vita da quelle statue immobili, idoli o stele.

Dio avvisò ripetutamente gli Israeliti di non adottare questo tipo di comportamento. Diede loro delle indicazioni chiare oltre alle istruzioni su come agire riguardo agli dèi stranieri. In Esodo 23:24-26 per esempio:

Tu non ti prostrerai davanti ai loro dèi e non li servirai; tu non ti comporterai secondo le loro opere, ma dovrai demolire e dovrai frantumare le loro stele. Voi servirete al Signore, vostro Dio. Egli benedirà il tuo pane e la tua acqua. Terrò lontana da te la malattia. Non vi sarà nel tuo paese donna che abortisca o che sia sterile. Ti farò giungere al numero completo dei tuoi giorni.

È stato chiaro: 'Adorate Me ed Io vi benedirò'. Perchè loro e anche noi, ignoriamo questo ordine? È molto meglio avere la benedizione del Signore nelle nostre vite che la maledizione di altri dèi. Sembrerebbe una scelta facile da fare, eppure gli Israeliti tentennarono nella loro decisione di non seguire altri dèi se non il Grande Io Sono. Leggiamo insieme i versi successivi nel capitolo 24:32-33.

Ma tu non farai alleanza con loro e con i loro dèi; essi non abiteranno più nel tuo paese, altrimenti ti farebbero peccare contro di me, perché tu serviresti i loro dèi e ciò diventerebbe una trappola per te».

Sarebbe una trappola fatale per te. Adorare altri dèi e non il Creatore del cielo e della terra è una trappola fatale. Era un'insidia allora e lo è ancora oggi. Quando chiunque o qualsiasi cosa diventa oggetto della nostra adorazione e devozione, siamo diretti verso una trappola. L'oggetto della nostra adorazione potrebbe non essere una statua o un sacro obelisco come menzionato nella Bibbia, ma magari un'ideologia, una filosofia, un piano finanziario, un'idea, il leader di un gruppo, un partito politico o religioso, o anche l'industria farmaceutica. Quando ci aspettiamo benedizioni da una fonte che non sia Dio stesso, siamo ingannati e alla fine intrappolati.

Se aspettiamo che siano gli sforzi umani o le risorse per salvarci, liberarci, guarirci o darci una vita migliore... stiamo mettendo le basi per una sorpresa. Finiremo con l'essere delusi, illusi e deviati. Dio ha promesso nella Sua Parola di darci tutte le cose se prima ricerchiamo Lui e il Suo Regno.

Cercate prima il Regno di Dio e la Sua giustizia, e tutte le altre cose vi saranno aggiunte (Matteo 6:33).

Egli ci darà tutto ciò di cui abbiamo bisogno, è meraviglioso. E sì, naturalmente userà persone al Suo servizio e la cosa è assolutamente fantastica. Non sto parlando contro un leader, una banca o un farmacista, ma contro il fatto di mettere la nostra speranza e fiducia nelle persone, nelle medicine, economia e politica.

Meditate su quanto segue:

- *Chi o cosa ammiro grandemente?*
- *In che relazione è quell'ammirazione rispetto a Dio?*

Riportate i vostri pensieri:

4

Egli è pieno di grazia

Tutte le estremità della terra si ricorderanno dell'Eterno e si convertiranno a lui; e tutte le famiglie delle nazioni adoreranno alla tua presenza. Poiché all'Eterno appartiene il regno, ed egli signoreggia sulle nazioni.

Salmo 22:27-28

Il Paese della Malesia è benedetto con giungle, foreste, spiagge e montagne. È veramente un luogo bellissimo, ricco di cultura ed eredità e ci siamo realmente goduti il nostro viaggio in questa colorita nazione viaggiando zaino in spalla. Le persone sono amichevoli, i trasporti facili da reperire, gli ostelli si trovano ovunque, e il cibo che preparano è assolutamente delizioso.

Abbiamo visitato una piantagione di thè nel centro della Malesia, nella capitale Kuala Lumpur, ed anche alcune piccolissime isole che sono sparse lungo la costa, Fu lì che incontrammo il drago di Komodo anche chiamato lucertola sentinella, una tra le lucertole più grandi al mondo. Certamente qualcosa di unico e posso capire perchè alcune persone preferiscono visitare le città. La natura è piena di sorprese in quella parte del mondo, credetemi. Abbiamo perso il conto delle varietà di insetti, strane creature e serpenti che abbiamo incontrato durante i nostri viaggi. Certamente non li chiamerei amici. Ma anche le città hanno il loro fascino.

Un giorno ci siamo trovati davanti ad una imponente moschea in Kuala Lumpur. All'ingresso abbiamo dovuto lasciare le nostre scarpe in mezzo alle migliaia di ciabatte e sandali allineati contro la parete dell'ingresso. Prima di poter proseguire ho dovuto coprirmi i capelli e una volta all'interno abbiamo scoperto che c'erano due sezioni separate per gli uomini e le donne. Wow, tutte quelle regole, le sentivo un poco soffocanti, nonostante la bellezza dell'interno. Avevo timore di fare qualche errore, ma d'altra parte capivo che ogni religione ha le sue regole e rituali e ai visitatori viene chiesto e ci si aspetta di mostrare il giusto rispetto. Quindi, all'interno di questo magnifico edificio, le persone si inginocchiavano in un modo interessante. Si inchinavano in riverenza e timore davanti al loro dio.

Mi colpì il pensiero che come Cristiani non ci inchiniamo così facilmente, piuttosto ci alziamo davanti a Gesù per portargli le nostre richieste. Inchinarsi con la faccia per terra, è un segno di rispetto universale e la Bibbia ha molti esempi di questa forma di riverenza e timore. Nel mio libro 'Veri Adoratori', ho proposto di inchinarci davanti a Dio durante il tempo della nostra adorazione privata e comunitaria. È il segno di un atteggiamento umile e certamente eleva Dio rendendo noi meno importanti. Quindi l'adorazione per tutti i credenti ha un valore centrale.

Ad ogni modo, torniamo a Kuala Lumpur. Le preghiere fatte in quella moschea, e in qualunque altra in realtà, non sono a caso, sono specifiche e devono essere rivolte in certi momenti, con il capo girato in direzione della città della Mecca. Le regole sono piuttosto rigide e potreste chiedere 'Bene Marja, anche il cristianesimo ha molte regole, cosa c'è di sbagliato in quello?'. Una buona domanda, specialmente in un libro che tratta uno dei Dieci Comandamenti. Se avete letto qualcuno dei miei libri precendenti, potreste aver notato che in questa serie non mi concentro su ciò che possiamo o non possiamo fare, ma su ciò che lo Spirito Santo vuole operare tramite noi. Non ci concentriamo sulle regole, ma sui principi spirituali che sono nascosti nella lettera della Legge, verità intrinseche che porteranno all'adempimento d'essa.

Prima di continuare con altre memorie sui nostri viaggi intorno al mondo e condividere le mie considerazioni sul 1° comandamento, vorrei chiarire un poco l'approccio che ho seguito per scrivere sui Dieci Comandamenti di Dio. Molti credenti, e forse siete tra questi, vedono la legge e la grazia come opposti e le discussioni si possono fare accese su entrambi i fronti. Credetemi, mi sono trovata in mezzo a questi dibattiti intensi. Personalmente credo fortemente, non *è* la legge *o* la grazia, ma la legge e la grazia che si trovano insieme il loro compimento in Gesù Cristo.

Pensateci, il piano e desiderio di Dio per l'umanità, per ogni singola persona sulla faccia della terra, è la salvezza. Salvezza è una bella parola con un significato profondo: soccorso o liberazione dal peccato e dai suoi effetti (morte e distruzione). Dietro alla missione misericordiosa di soccorso, c'è l'offerta della vita eterna. Un invito che possiamo semplicemente accettare per fede nel Suo Figliolo Gesù Cristo – sì attraverso la fede, non tramite l'obbedienza alle regole.

Se avete letto qualche altro libro di questa serie, ricorderete che solo obbedire ai comandamenti non ci porterà lontano. Le persone ci hanno provato per migliaia di anni, eppure hanno continuato a peccare e allontanarsi da un Dio santo. Possiamo leggere di questa lotta in Romani 9:31-32 (NLT),

...mentre Israele, che ricercava una legge che gli desse la giustizia, non è giunto alla pratica della legge. E perché mai? Perché non la ricercava dalla fede, ma come se derivasse dalle opere. Hanno urtato così contro la pietra d'inciampo...

Mantenere la Legge non può giustificare nessuno davanti a Dio. La legge dell'Antico Testamento non può colmare il vuoto tra Dio e il popolo. Solo Gesù può farlo. Quindi la legge non fu data per portare salvezza, ma per mostrare chiaramente il bisogno di essa.

La redenzione ci porta in armonia con Dio. Il cuore della salvezza è il ripristino dell'amicizia tra Dio e l'umanità (che la Bibbia chiama riconciliazione), ed è solo possibile attraverso la fede nel Suo Figliolo Gesù Cristo. Voglio che sia assolutamente chiaro che la fede in Gesù Cristo è l'unica via per essere amici di Dio Padre. Sono consapevole che le persone cercano di mettersi in contatto con il divino tramite la meditazione, esercizi spirituali o indossando intorno al collo pietre magiche, ma in realtà, le nostre opere (i nostri sforzi), non ci fanno raggiungere l'obiettivo – ed è così per qualsiasi tipo di pratica religiosa, non importa quale culto o religione le persone osservino. Dio vuole il nostro amore, non le nostre opere. Quindi non predico, e neanche lo farò, la salvezza tramite le opere.

Tuttavia, sostengo un amore genuino per la Parola di Dio e per le Sue leggi. Sì, anche per la Sua legge. Una delle ragioni per questo risiede nella mia convinzione che parlare negativamente della legge di Dio, o ignorare i Suoi comandamenti, ostacolerebbe qualsiasi dialogo con il popolo Giudaico, che spesso vede nella Torah, (i primi cinque libri di Mosè), un altissimo valore, scritti degni di fiducia. Infatti molti Giudei imputano ai Cristiani, tra tante altre cose, che non rispettiamo gli antichi scritti, e spesso agiamo come se la Torah (che significa 'insegnamento') siano stati sostituiti da quelli del Nuovo Testamento. La mancanza di rispetto rovina le relazioni. Semplicemente non possiamo permetterci di allontanare la nostra visione religiosa dalle persone che per prime hanno ricevuto la Buona Novella! Quindi, ho fatto del mio meglio per condividere la rivelazione spirituale rispetto alla legge scritta.

La salvezza è il risultato della grazia di Dio *e* la nostra fede. Lasciatemi usare un'analogia per illustrarlo. Come esempio useremo una bella ragazza che sta uscendo con un giovane onesto e brillante. Lui la ama sinceramente e un giorno decide di chiederle di sposarlo. Si presenta alla ragazza con un anello semplice ma delicato. Si inginocchia e si offre a lei...mi accetti? Ora, la ragazza è un poco scettica. Trova difficile credere che lui la ami veramente. Ha timore di accettare che lui voglia dividere la sua vita con lei. Lei è degna del suo amore? La giovane esita, ma dopo si rende conto che può iniziare la loro nuova vita solo accettando l'anello, fidandosi che sarà un marito buono e fedele.

È anche così con Dio, nella Sua grazia ci offre una vita nuova (salvezza dalla nostra vecchia vita disastrosa); ma per poterla iniziare, dobbiamo dire sì e accettare l'invito per fede... credendo e fidandoci che Egli farà quanto ha promesso. La grazia di Dio è un libero dono, ma deve essere accettato in fede. Efesini 2:8-9 dice:

Infatti è per grazia che siete stati salvati, mediante la fede; e ciò non viene da voi; è il dono di Dio. Non è in virtù di opere affinché nessuno se ne vanti;

Non è mai per le opere che facciamo, ma ci giunge quando ci arrendiamo in fede. Cercare di obbedire agli insegnamenti, senza accettare il perdono dei nostri peccati porterebbe solo frustrazione. Imitare Gesù senza accettare la Sua grazia è una strada che conduce al nulla. Questa è la ragione per cui i libri di questa serie non sono improntati sul mantenere ed obbedire alla Legge, ma sull'adempiere la Legge nel modo in cui l'ha fatto Gesù. Ho ragione di credere che alcune persone ai tempi di Gesù speravano che la legge fosse annullata, così come tante persone ai giorni nostri vorrebbero vivere senza regole e regolamenti. Non è chiaro quali fossero le loro aspettative e interrogativi, ma Gesù dice loro:

Non pensate che io sia venuto per abolire la legge o i profeti; io sono venuto non per abolire ma per portare a compimento (Matteo 5:17).

Nella versione NLT dice 'non fraintendete la ragione per cui sono venuto.' Se Gesù ha detto che Lui non è venuto per abolire la Legge, perchè noi dovremmo fare altrimenti? Se Cristo ha detto che è venuto per portare in vita i Suoi insegnamenti, perchè non seguiamo il Suo esempio? Gesù non ha abolito la Legge, ma l'ha adempiuta e ha portato vita ai Suoi insegnamenti. Alcune traduzioni dicono che Egli ha completato la Torah. Mi piace quell'espressione. In termini moderni (tecnici) diremmo che ha aggiornato la Torah. E mi piace come lo spiega l'apostolo Paolo in Romani 10:4 (NLT),

...poiché Cristo è il termine della legge, per la giustificazione di tutti coloro che credono.

Egli ha adempiuto lo scopo per cui era stata data la Legge: ottenere giustizia, o nel linguaggio di oggi, essere in buoni rapporti con Dio. Per l'opera di Gesù, chiunque ora credendo può fare pace con Dio, non deve sforzarsi di mantenere o osservare la Legge. Quando Gesù ha detto che era venuto a compiere il proposito della Legge, Egli non l'ha cancellata o annullata. Al contrario, Egli ha enfatizzato il fatto che non una singola lettera o virgola sarebbe scomparsa, fino al giorno della fine. Questo non dovrebbe essere un monito che ci intimorisce, ma al contrario, dovrebbe incuriosirci su come applicare la Legge ai nostri giorni e nell'epoca in cui viviamo. Il primo comandamento che troviamo in Esodo 20:1-3 dice questo:

Allora Dio pronunziò tutte queste parole, dicendo: "Io sono l'Eterno, il tuo Dio, che ti ha fatto uscire dal paese d'Egitto, dalla casa di schiavitù. Non avrai altri dèi davanti a me."

Ora potreste obiettare: 'Ma io non ho mai adorato altri dèi, non ho altri idoli nella mia vita, credo nel Dio della

Bibbia, ho accettato Gesù... Perchè dovrei leggere questo libro?' Vorrei farvi una domanda. Amate Dio al di sopra di tutto? Credo sinceramente che l'adempimento dei comandamenti si trovi in Matteo 22:36-40 dove uno dei Farisei cercò di tendere una trappola a Gesù con una domanda che diceva: 'Quale è il più grande dei comandamenti nella Legge?' La risposta che Gesù dà è molto interessante:

"Maestro, qual è, nella legge, il gran comandamento?". E Gesù gli disse: "'Ama il Signore Dio tuo con tutto il tuo cuore, con tutta l'anima tua e con tutta la mente tua '. Questo è il grande e il primo comandamento. Il secondo, simile a esso, è: 'Ama il tuo prossimo come te stesso '. Da questi due comandamenti dipendono tutta la legge e i profeti"

Egli ha citato la Legge come riportata in Deuteronomio 6:5. Dire che non abbiamo altri dèi davanti a Lui è una cosa, ma è un'altra cosa poter dire che Lo amiamo con tutto ciò che è in noi. Amare Dio con tutto il nostro cuore, con tutta la nostra anima e tutta la nostra mente, significa obbedire a Lui in tutte le nostre decisioni, nel nostro pensare e nelle nostre emozioni.

Non essere corrotti dal mondo e ciò significa veramente adempiere l'antico comandamento, in altre parole una lealtà indivisa. La Bibbia chiama questo atteggiamento e stile di vita 'religione pura e genuina'.

La religione pura e immacolata (genuina) davanti a Dio e Padre è questa: prendersi cura degli orfani e delle vedove nelle loro afflizioni e conservarsi puri dal mondo (Giacomo 1:27).

Meditate su quanto segue:

- *Legge e grazia, come operano insieme?*
- *Come posso descrivere la religione pura e genuina con parole mie.*

Riportate i vostri pensieri:

5

Egli è degno

...i profeti hanno profetizzato nel nome di Baal, e sono andati dietro a cose che non giovano a nulla.

Geremia 2:8b

Avevamo urlato, gridato e alzato le mani durante il concerto, mentre saltavamo su e giù seguendo il ritmo della musica ad alto volume. Il sudore ci colava sul viso, e la nostra voce era roca per le sigarette fumate, gli occhi stanchi per via del bagliore dei fari intermittenti.

Durante gli anni della nostra gioventù eravamo attirati da alcuni tipi di musica, come il blues, rock e un poco di metal. Spendevamo il denaro, come molti giovani fanno, in biglietti per i concerti, albums, t-shirts, e altri gadget. Quando siamo arrivati alla fede, è stato incredibile vedere come abbiamo perso interesse per queste cose. Nessuno ci ha detto di farlo, nessuno ci ha spinti. È stato lo Spirito Santo che coltivava nuovi desideri in noi, un piacere per la musica (così come per i film e i libri) che onorava il Signore. Si era attivata una passione per musica che elevava Dio. Naturalmente, la musica gioca un ruolo importante nella vita delle persone, specialmente se si è giovani e sentiamo di poterci identificare con alcuni stili di musica, con i testi, o anche con alcuni personaggi. Non c'è nulla di sbagliato in questo – Dio ama la musica, l'ha inventata Lui. Tuttavia, la devozione ad un certo tipo di musica o ad uno specifico gruppo o artista, può trasformarsi in una forma di idolatria. Naturalmente spesso non ci rendiamo conto che siamo sul sentiero dell'idolatria, quando mostriamo apprezzamento per certi musicisti, gruppi o anche solo alla musica. Potremmo essere ignoranti in materia, ma il diavolo non lo è. Lui agisce allo scoperto, perchè tutti lo vedano... questo se i nostri occhi sono aperti. Per onestà intellettuale, cito un programma televisivo che si chiama 'Idols'. Un messaggio abbastanza chiaro, vero?

C'è molto di più dietro a ciò che sembra un innocente attaccamento alla musica. Per esempio, 'Gods of Metal' è un festival italiano metal molto conosciuto, e si tiene ogni anno dal 1997. Si organizza all'inizio dell'estate e attira una grande quantità di persone. Gods of Metal, è un nome piuttosto interessante per un festival. Specialmente quando si torna indietro di migliaia di anni e ripensiamo agli Israeliti che si trovavano in marcia verso la terra promessa. Dio disse loro specificamente:

Non fatevi idoli di metallo e non serviteli (Esodo 34:17).

Certo, qui con 'metal' Dio si stava riferendo al metallo prodotto dalla terra e non alla musica (almeno, credo), ma questa proibizione è probabilmente ciò che ha ispirato gli organizzatori di questo moderno festival metal. In quel tempo le persone creavano idoli con l'oro, argento, bronzo e altri metalli. La storia del vitello d'oro è di certo una delle storie più conosciute dell'Antico Testamento, riguardo all'adorazione di idoli in metallo. La storia è raccontata in Esodo 32, i versi 1-4 narrano gli eventi disastrosi avvenuti nel deserto.

Il popolo, vedendo che Mosè tardava a scendere dal monte, si radunò intorno ad Aaronne e gli disse: "Facci un dio che vada davanti a noi; poiché, quanto a Mosè, a quest'uomo che ci ha fatti uscire dal paese d'Egitto, non sappiamo che cosa gli sia accaduto". E Aaronne rispose loro: "Togliete gli anelli d'oro che sono agli orecchi delle vostre mogli, dei vostri figli e delle vostre figlie, e portatemeli". E tutto il popolo si tolse dagli orecchi gli anelli d'oro e li portò ad Aaronne, il quale li prese dalle loro mani, e, dopo averne cesellato il modello, ne fece un vitello di metallo fuso. E quelli dissero: "O Israele, questo è il tuo dio che ti ha fatto uscire dal paese d'Egitto!".

Immaginate, la stessa gente che aveva visto di persona il miracolo del Mar Rosso dividersi e la liberazione dalla schiavitù d'Egitto, ora cercava una statua fatta d'oro per proclamarla loro dio. Questa può sembrare un'idea fuori dal mondo per noi che viviamo in un'epoca diversa, e sicuramente lo è stata anche per Mosè, il loro leader, che aveva appena incontrato faccia a faccia il Dio vivente e vero!

La storia biblica ci dice che nel corso dei secoli le persone di tutte le culture e origini hanno proclamato oggetti senza vita come loro dèi e dèe. E hanno preso oggetti senza vita come legno, pietra e ferro per farne rappresentazione di dèi in cui credevano; avevano bisogno di idoli che si potessero vedere e toccare e quindi preferivano statue senza vita rispetto all'unico Dio vero e vivente, che è Spirito, e per questo non visibile.

Il desiderio di sperimentare Dio, di essere realmente alla Sua presenza, vederlo e ascoltarlo, è un bisogno che ha messo Lui stesso nelle persone Egli ha creato gli uomini e donne con il bisogno di cercarLo. In tutte le epoche l'umanità ha trovato modi per sentirsi 'collegata', e non dimentichiamo che anche Dio ci vuole più vicini. Cercare e desiderare di essere alla presenza di Dio è un valore centrale per i credenti e la Sua presenza si trova nel Suo nome, nella Sua Parola e nella comunione con il Suo Santo Spirito. Ho scritto estensivamente di questo nel mio libro 'Nel Mio Nome'.

Israele era circondata da nazioni pagane che credevano che adorare diversi dèi fosse meglio di adorarne uno solo e quest'idea per certi versi attirava gli Israeliti. Ricevevano avvertimenti continui di non cadere in quella trappola. Il profeta Samuele, per esempio, lo disse in modo chiaro:

Non seguite falsi dèi; non vi possono aiutare o salvare, non sono reali (1 Samuele 12:21).

Falsi dèi sono dèi, ma non sono veri. Forse può sembrare strano, ma vorrei usare un esempio dalla vita di ogni giorno. Alcune aziende asiatiche realizzano copie economiche di orologi costosi, borse, giacche e scarpe. Sono sicura che avrete tutti visto questi prodotti. Magari potreste avere tra le mani un orologio elegante, è davvero un orologio, funziona anche, ma... non è quello vero. Non è un vero Rolex. Sì, potreste sembrare eleganti con quel paio di scarpe, possono essere della vostra misura, magari sono pure comode...ma, non sono quelle originali, non sono vere Nike. È la stessa cosa per i falsi dèi, sono lì, possono avere anche dei nomi o attributi che li descrivono, ma...non sono veri. Come ha detto Samuele, 'non vi possono aiutare nè salvare.'

Deve essere stato uno choc assoluto per Mosè scoprire che gli Israeliti adoravano un vitello d'oro e dicevano che una statua senza vita li aveva guidati fuori dal paese di schiavitù. Durante la traversata del popolo nel deserto, è interessante notare che sebbene Mosè riconoscesse Dio come il dio supremo d'Israele, Gli chiese di questi cosiddeti altri dèi. Erano veri? Potevano agire? Mosè ha riportato la sua preghiera riguardo a questo soggetto specifico, come la leggiamo in Deuteronomio 3:24,

'O Signore, o Eterno, tu hai cominciato a mostrare al tuo servo la tua grandezza e la tua mano potente; poiché qual è l'Iddio, in cielo o sulla terra, che possa fare delle opere e dei prodigi pari a quelli che fai tu?

Ci sono altri dèi in cielo e in terra si chiedeva Mosè. Bene, credo che conoscesse la risposta. Aveva ricevuto i Dieci Comandamenti dalla diretta mano di Dio e il primo di essi dice chiaramente: 'Non avrai alcun dio al di fuori di Me.' Se dovessimo tradurre o interpretare liberamente il primo comandamento, sarebbe così: 'Non fare compromessi!' o, come ho scritto nel primo capitolo: 'o io o nessun altro.' Questo lo rende piuttosto chiaro, non è così?

Leggendo le antiche scritture, possiamo notare che l'adorazione degli idoli era rampante sotto diversi leader e re, nonostante gli avvertimenti, ma non sotto tutti. Davide ad esempio, può aver fatto diverse cose sbagliate, ma non ha mai adorato altri dèi. Il fatto di avere altri dèi davanti al Signore non si è verificato solo ai tempi dell'Antico Testamento. L'idolatria, come ho scritto nel mio libro 'Veri Adoratori' e 'Primo Amore', era un problema allora e lo è ancora ai giorni nostri. Ma facciamo un salto in avanti per un attimo e attingiamo da 1 Corinzi 8:5-6, dove l'apostolo Paolo scrisse:

Poiché, sebbene vi siano dei cosiddetti dèi tanto in cielo che in terra, come infatti ci sono molti dèi e molti signori, nondimeno per noi c'è un Dio solo, il Padre, dal quale sono tutte le cose e per il quale noi esistiamo, e un solo Signore, Gesù Cristo, mediante il quale sono tutte le cose e mediante il quale siamo noi.

Io credo che sia la risposta alla domanda che aveva Mosè. Ci sono molti altri di questi dèi...in cielo e in terra. Era così ai tempi di Mosè, lo era ai tempi di Paolo, ed è così ancora ai giorni nostri – e probabilmente sarà così fino a quando Gesù non tornerà nella Sua piena gloria.

Gli altri dèi competono per l'adorazione che noi esseri umani dovremmo dare al Signore. Satana ha sempre fatto di tutto per distrarre le persone dalla loro lealtà a Dio e presentare altri dèi davanti a loro, ed è ancora impegnato a farlo. Qualsiasi cosa, chiunque, l'importante è che riesca a distrarre le persone ed evitare che possano vedere Dio come Lui è veramente: un Dio buono e un Padre amorevole. Degno della nostra lode, degno del nostro tempo di adorazione.

Meditate su quanto segue:

- *Mi vengono in mente altri idoli che mi allontanano dalla mia devozione verso il Signore?*
- *Cosa ha fatto di recente il Signore per me?*

Riportate i vostri pensieri:

6

Egli è vero

Questo tempio dovrà essere grandioso, perchè il nostro Dio è maggiore di tutti gli altri dèi.

2 Cronache 2:5 (NLT)

Sudando profusamente e quasi senza fiato, giungemmo sulla cima della montagna dove era stato costruito un piccolo tempio da un'antica tribù Inca. Provenendo da un Paese, umido e freddo dove il tempo è fortemente influenzato dai venti marini, ci vuole tempo per adattarsi ad un clima tropicale.

I Paesi Bassi, dove viviamo, è fatto di aree piatte come una frittella. Non ci sono montagne, nessuna jungla, niente burroni o deserti. Solo distese di verde, fiumiciattoli e dune, e tra l'altro, la maggior parte al di sotto del livello del mare. Non potrebbe essere più forte il contrasto con le giungle, le montagne, i deserti e le valli del Sud America. Durante le prime settimane che ci trovavamo lì, avevamo dovuto trovare un ritmo diverso, un nuovo equilibrio. Camminare più lentamente, mangiare meno, dormire di più, riposarci a metà giornata e così via.

Ad ogni modo, durante questo particolare viaggio decidemmo di visitare uno dei diversi antichi templi, o ciò che ne rimaneva. Le rovine di questo tempio sono posizionate dove erano adorati gli antichi dèi e le loro statue. Oggi, le statue Inca più mistiche si trovano nei musei, e una bella gamma di copie sono offerte ai turisti come souvenirs. Le facce corrucciate di alcune di queste figure non sono esattamente un benvenuto amichevole. La maggior parte delle immagini degli dèi Inca, hanno un aspetto squadrato, simmetrico e un'aria cupa. Al principio sembrano un poco buffe, ma quando si studiano da vicino, in qualche modo trasmettono rabbia.

Il popolo Inca non ha lasciato memorie scritte delle loro leggende e spesso si tratta di miti e non fatti reali. Diversi templi Inca e le loro rovine sono state oggetto di scavi e per certi versi restaurati, come quello che abbiamo visitato durante quel viaggio. Gli Inca avevano stabilito la loro capitale a Cuzco in Perù, nel 12° secolo. Cuzco è ancora una città incredibile da visitare. La mitologia Inca è basata ed ispirata principalmente dalla natura e riconosce il dio del sole e della luna, della terra e dei mari. Oggi ci sono ancora discendenti degli Inca che vivono nelle Montagne Andine, e spesso praticano una religione fatta di animismo, cattolicesimo e pratiche tribali. Continuano a conservare le tradizioni e adorano ancora gli dèi Inca. Ci sarebbe da chiedersi se le preghiere fatte a questi dèi senza vita, hanno mai ottenuto risposta?

Sappiamo dell'antica storia degli dèi di Baal che rimasero in silenzio, anche quando le persone li pregavano ferventemente e alzavano la voce per essere ascoltati. Lo possiamo leggere in 1 Re al capitolo 18. Il profeta Elia confrontò le persone con la loro idolatria. Ordinò al popolo d'Israele di incontrarsi al Monte Carmel e di portare con loro i centocinquanta profeti di Baal e i quattrocento profeti della dèa Astarte che era sostenuta dalla Regina Jezebel. Il versetto 21 dice:

Allora Elia si avvicinò a tutto il popolo, e disse: «Fino a quando zoppicherete dai due lati? Se il Signore è Dio, seguitelo; se invece lo è Baal, seguite lui». Il popolo non gli rispose nulla.

In essenza, stava dicendo: 'Basta con la vostra lealtà divisa!', e poi sfidò il popolo a portare due tori, lasciò che i profeti di Baal ne prendessero uno, lo uccidessero, lo facessero a pezzi e lo mettessero sull'altare senza accendere il fuoco. Lui avrebbe fatto lo stesso con l'altro toro. I profeti di Baal furono invitati pregare il loro dio e Elia a pregare il Signore. Quello che avrebbe risposto inviando fuoco dal cielo sarebbe stato il vero Dio. E avvenne così. I profeti di Baal prepararono il toro e pregarono fino a mezzogiorno. Notate il versetto 26,

Gridarono «Baal, rispondici!» Ma non si udì né voce né risposta...

Non venne risposta. Che tristezza, che tragedia. A mezzogiorno Elia cominciò a deriderli: 'Pregate più forte!' Allora i profeti alzarono la voce pregando più forte e si facevano incisioni con i coltelli e pugnali, secondo i loro rituali, finchè non sgorgava il sangue. Santo cielo, quando penso a tutti i giovani che si tagliano finchè non vedono uscire il sangue, è chiaro che ci sono forze delle tenebre dietro a questa pratica. Ha radice nell'antico rituale di adorazione a Baal, dove le persone gridavano per attenzione nel disperato tentativo di essere visti e ascoltati.

Lo spargimento di sangue è una pratica spesso menzionata nell'Antico Testamento. Infatti, *doveva* essere sparso sangue per il perdono dei peccati, cioè il sangue di animali. La pratica del sacrificio degli animali rimase in vigore fino alla morte sacrificale di Gesù sulla croce. Lui prese i peccati di tutto il mondo su di sé, era il sacrificio perfetto, per questo è anche chiamato Agnello di Dio. Non è più necessario uccidere animali o fare sacrifici (umani). La Bibbia lo dice molto chiaramente.

Spezza il cuore vedere che i seguaci di molte religioni oggi, credono ancora che debba essere sparso del sangue per compiacere i loro dèi. Ricordo molti anni fa che ci siamo trovati nella capitale del Nepal, Kathmandu. Eravamo lì durante il festival Indù del Dashain. Venivano offerti animali nel centro della città: capri, anatre, anche bufali, venivano uccisi negli altari dei templi. Il sangue scorreva ovunque ed era una cosa orribile da vedere per noi occidentali. Ricordo di aver pensato che i loro sacrifici dovevano essere simili a quelli di cui leggiamo nell'Antico Testamento. Sacrificio di animali e altari macchiati di sangue.

Sì, nell'antichità doveva essere sparso il sangue, ma Gesù ha tracciato una linea tra AC e DC, quando ha dato il Suo sangue prezioso per il perdono dei peccati dell'intera umanità. Sì, anche per gli Indù. Questa è la verità che dobbiamo proclamare oggi! Dobbiamo levarci per Gesù e la Sua opera redentiva sulla croce per annullare le credenze ingannevoli dove si pensa di compiacere Dio offrendogli sacrifici di sangue. La verità è un valore centrale per noi credenti e ne ho parlato nel mio libro 'Spirito di Verità.'

In realtà, qualsiasi religione, (incluso il satanismo), che *non* riconosce la sofferenza di Gesù sulla croce, è legato a pratiche occulte che non portano redenzione. Lo possiamo vedere in tutta la storia, in culti e religioni diverse, ed è ancora praticato oggi. Sacrifici di sangue negli aborti, nelle uccisioni di massa, in rituali satanici, nelle pratiche religiose ecc. ecc.

Ritorniamo alla storia di Elia e i sacerdoti di Baal. 1 Re 18:29 dice :

Continuarono a pregare e urlare fino a metà pomeriggio; ma non giunse alcuna risposta, non fu udito alcun suono.

È veramente una storia interessante, leggete l'intero capitolo se volete. Gli adoratori di Baal disperatamente cercavano un segno di vita, ma non giunse nulla. Non si udiva alcun suono, non importava quanto gridassero per farsi sentire. E poi fu il turno di Dio. La preghiera di Elia fu semplice. Chiese a Dio di provare che Lui era l'unico vero Dio, supremo su tutti gli altri dèi. Scoprirete che il Dio di Elia rispose alla sua preghiera in modo spettacolare, con il fuoco dal cielo che bruciò l'altare di Elia e prosciugò l'acqua con cui era stato intriso. I versetti 38-39 lo descrivono così:

Allora cadde il fuoco del Signore, e consumò l'olocausto, la legna, le pietre e la polvere, e prosciugò l'acqua che era nel fosso. Tutto il popolo, veduto ciò, si gettò con la faccia a terra, e disse: «Il Signore è Dio! Il Signore è Dio!»

Fu veramente impressionante, e credo che queste storie siano nella Bibbia come lezione per tutti noi, per tutte le generazioni, quelle di allora, quelle di adesso e quelle che devono ancora venire. C'è in realtà un Dio che è supremo sopra tutti gli altri dèi. Egli è il Creatore dell'universo, Colui che ha formato cielo e terra, il Dio d'Israele.

Egli è Colui che risponde alle nostre preghiere e si compiace nel farlo. Non dobbiamo urlare e gridare, non dobbiamo tagliarci per essere ascoltati, per attirare l'attenzione del nostro Padre Celeste che ci ha amati fin dall'origine dei tempi. Possiamo semplicemente venire davanti a Lui con le nostre richieste e attendere con fiducia, come Salmo 5:3 (NIV) ce lo descrive magnificamente,

O Signore, al mattino tu ascolti la mia voce; al mattino ti offro la mia preghiera e attendo un Tuo cenno.

Il nostro Padre Celeste che non ci ha negato il Suo proprio Figliolo, non può essere paragonato a nessun altro dio. Solo Lui è degno della nostra adorazione, e solo Lui è degno della nostra lode. Il Suo volto non è cupo, il Suo volto splende su noi e ci dona pace.

Meditate su quanto segue:

- *Per cosa posso ringraziare oggi il mio Padre Celeste?*
- *Posso dire che attendo con fiducia che le mie preghiere trovino risposta?*

Riportate i vostri pensieri:

7

Egli è onorabile

Perché il Signore è grande e degno di sovrana lode; egli è tremendo sopra tutti gli dèi. Poiché tutti gli dèi delle nazioni sono idoli vani; il Signore, invece, ha fatto i cieli.

Salmo 96:4-5

Sebbene viaggiare in tutto il mondo ci abbia insegnato che ogni regione o nazione ha la sua cultura, abitudini e pratiche religiose, abbiamo anche scoperto che certe idee e principi biblici si trovano ovunque. E non solo perchè alcune persone hanno letto la Bibbia nella loro lingua, ma alcune storie bibliche sono intessute nei racconti storici e culturali di altre religioni.

La storia di Adamo ed Eva nel giardino, come la conosciamo dal libro di Genesi, si trova anche come parte di altre opere religiose e leggende culturali. La storia può differire in piccoli dettagli, ma i punti principali sono gli stessi. Questo è altrettanto vero per il racconto di Noè e il diluvio. Molti di resoconti simili si trovano negli scritti di altre religioni e hanno in questo senso, tradizioni storiche e orali in comune.

Ricordo molti anni fa quando stavamo visitando la nazione Navajo nella parte occidentale degli Stati Uniti. Abbiamo scoperto che la maggior parte degli indigeni in Canada e negli Stati Uniti credono che vi sia un solo Grande Spirito tra altri spiriti, così come noi riconosciamo lo Spirito Santo, che è Dio, mentre gli altri spiriti li indichiamo con la esse minuscola. Spiriti inferiori come demoni, spiriti di infermità, spiriti di paura, o spiriti immondi. I nativi americani sono per tradizione un popolo molto spirituale, e la maggior parte delle tribù riverisce il Grande Spirito, che in realtà è una traduzione inglese per il creatore, una deità o dio.

Riconoscere Dio il Creatore del cielo e della terra è una cosa, sono sicura che anche gli antichi Israeliti lo avevano fatto, ma tenersi lontani da altri dèi 'inferiori' è un'altra cosa. Ora potremmo chiederci cosa ci fosse di così attraente per gli antichi Israeliti riguardo ad altri dèi da esserne così attratti e adorarli? Abbiamo già stabilito che ci *sono* altri dèi, altrimenti il primo comandamento perderebbe il suo valore, ma abbiamo anche compreso che questi altri dèi non sono reali. Non c'è vita nelle statue, non c'è amore negli idoli e non c'è respiro nelle immagini.

Nella sua lettera ai Galati, l'apostolo Paolo dà voce alla sua preoccupazione riguardo al pericolo di adorare altri dèi. Scriveva:

In quel tempo, è vero, non avendo conoscenza di Dio, avete servito quelli che per natura non sono dèi (Galati 4:8).

La traduzione NKJV dice: 'Infatti allora, quando non conoscevate Dio, avete servito coloro che per natura non sono dèi.' In altre parole, le persone hanno trattato i loro idoli come dèi, chiamandoli così, ma per natura non lo erano. Qual è la natura di Dio, potremmo chiederci. La Sua natura è eternamente buona, divinamente potente, e sempre amabile. Questo non si può certo dire a riguardo di nessun dio fatto da mani umane.

Non importa quando sia bella o costosa e quanto può essere preziosa una statua, non c'è vita nelle cose costruite dagli uomini. È nella natura di Dio perdonare, guarire, liberare, restaurare, amare e nutrire tutto ciò che Lui ha creato. Possiamo provare quanto vogliamo, ma non possiamo ascrivere le caratteristiche dell'amorevole Padre Celeste ad un oggetto fatto da mano umana.

Gli idoli e gli oggetti non sono per nulla dèi, ma tuttavia ci sono dei demoni legati a questi oggetti. No, non me lo sto inventando, lo insegna la Bibbia e credo che sia per questo che gli altri cossidetti dèi siano così pericolosi. Così come lo Spirito Santo ha bisogno di un corpo umano per operare qui sulla terra, anche i demoni hanno bisogno di un corpo per operare tra gli uomini. Questa è esattamente la ragione per la quale avere statue di dèi stranieri nella vostra casa è pericoloso. La statua naturalmente non può fare nulla, ma le forze delle tenebre che sono legate ad essa hanno il permesso di entrare a casa vostra. L'idolo che accettate diventa un invito ufficiale perchè il nemico sia presente.

La Bibbia è chiara riguardo a questi simulacri, non possono fare nulla, ma i demoni che rappresentano possono scatenare il caos ovunque sia possibile. L'apostolo Paolo ha scritto di queste forze oscure in parole piuttosto dirette:

Il nostro combattimento infatti non è contro sangue e carne, ma contro i principati, contro le potenze, contro i dominatori di questo mondo di tenebre, contro le forze spirituali della malvagità, che sono nei luoghi celesti (Efesini 6:12).

No, non sto vedendo demoni dietro ad ogni angolo o cespuglio, non fraintendetemi, ma credo che i Cristiani spesso ignorino ciò che avviene nel mondo spirituale. Ricordate le parole di Paolo 'non voglio che ignoriate'? Ebbene, allora diamo uno sguardo a 1 Corinzi 10:18-21, dove l'apostolo scrive,

Guardate l'Israele secondo la carne: quelli che mangiano i sacrifici non hanno forse comunione con l'altare? Che cosa sto dicendo? Che la carne sacrificata agli idoli sia qualcosa? Che un idolo sia qualcosa? Tutt'altro; io dico che le carni che i pagani sacrificano, le sacrificano ai demòni e non a Dio; ora io non voglio che abbiate comunione con i demòni. Voi non potete bere il calice del Signore e il calice dei demòni; voi non potete partecipare alla mensa del Signore e alla mensa dei demòni.

Un idolo vale nulla, scrive Paolo, ma sono i demoni ad esso legati a cui dobbiamo sottrarci. Non avere comunione con i demoni! Ma chi vuole avere compagnia con i demoni, vi potreste chiedere? Guardatevi intorno nella società di oggi, milioni di persone sono schiave di demoni, mentre invece potrebbero essere figli e figlie di Dio.

Se mai vi è capitato di partecipare alla preghiera per persone che sono tormentate da demoni, sapete che è vero. Questi spiriti hanno accesso ai nostri corpi tramite pratiche occulte, immoralità sessuale, associazione con demoni, e rendendo loro onore, così come ha scritto Paolo. Credo che in Corinto fosse una pratica comune, perchè l'apostolo lo cita come un dato di fatto. 1 Corinzi 10:21 dice,

Voi non potete bere il calice del Signore e il calice dei demòni; voi non potete partecipare alla mensa del Signore e alla mensa dei demòni.

In pratica, Paolo dice che non dovremmo mischiare le empietà del mondo con le pratiche religiose. Non possiamo servire Dio e Mammona, non possiamo servire due padroni, o ameremo uno e odieremo l'altro. Dobbiamo scegliere ogni giorno tra il bene e il male, tra Dio e il mondo, tra vita e morte.

Credo fermamente che il primo comandamento contenga un avvertimento forte, non rendete difficile la vostra vita, ma semplificatela. Non avrete altri dèi all'infuori di me... obbedire a queste parole migliora la vita, più concentrata, meno timorosa, meno drammatica. Credo infatti che il primo comandamento sia legato a quello citato da Gesù in Matteo 22:37-38, quando le persone gli chiesero quale fosse il comandamento maggiore.

Gesù rispose: "'Ama il Signore Dio tuo con tutto il tuo cuore, con tutta la tua anima e con tutta la tua mente.' Questo è il primo e il maggiore dei comandamenti."

Alla luce del punto di vista sulla quale ho basato questa serie di libri, credo che Gesù abbia fatto comprendere loro quale fosse l'adempimento della lettera del primo comandamento. Una cosa è dire che non avete altri dèi davanti a Lui, ma è un'altra cosa amarLo al di sopra di ogni altra cosa! Riuscite a comprendere perchè Gesù lo ha messo in atto?

Lo ha fatto con tutti i comandamenti. Nella seconda metà del capitolo 5 di Matteo, leggiamo che Gesù ricordò più volte alla folla che era stato detto: 'Non farai questo o quello', per poi aggiungere: 'ma ora io vi dico....' e dava loro una versione della Legge totalmente capovolta e rovesciata. Questo lasciava sempre senza parole le persone, e continua a farlo ancora oggi. La Legge non è scomparsa, ma siamo chiamati ad adempiere i comandamenti in amore. Ogni volta che agiamo con amore, adempiamo la Legge. Romani 13:10 lo dice chiaramente:

L'amore è il compimento della legge.

Se diciamo di non poter mettere in atto la Legge, stiamo di fatto dicendo che siamo incapaci di amare. Di certo non può che essere così in un mondo che nega Cristo e di conseguenza è pieno di odio. Ed è esattamente la ragione per la quale Gesù ha continuato la sua risposta con la seguente affermazione:

E il secondo, simile al primo è: 'Ama il tuo prossimo come te stesso.' Tutta la Legge e i profeti dipendono da questi due comandamenti (Matteo 22:39-40).

La Legge e i profeti si basano su questi due precetti: amare Dio e gli altri come noi stessi. Aspetta un minuto, potreste pensare, la legge riguarda l'obbedienza giusto? E la disubbidienza è punibile. No! Gesù dice che la base, il fondamento, la guida e il valore centrale del cristianesimo è l'amore. Alla luce di tutto ciò i comandamenti appaiono sotto una luce completamente diversa, non è così?

Se avete letto qualche altro libro di questa serie, saprete di cosa sto parlando, saprete che le nostre vite devono essere vissute alla luce del Suo amore infinito, e già questo renderebbe il mondo un posto migliore.

Meditate su quanto segue:

* *Posso dire di essere leale, riguardo all'amore e servizio che offro a Dio?*
* *Cercare di servire due padroni, lo vedo nella mia vita?*

Riportate i vostri pensieri:

8

Egli è eterno

*C'è forse una nazione che abbia cambiato i suoi dèi,
sebbene non siano dèi?
Ma il mio popolo ha cambiato la sua gloria per ciò che
non giova a nulla.*

Geremia 2:11

Prendemmo una di quelle lunghe imbarcazioni per raggiungere la nostra destinazione. In Tailandia queste lunghe imbarcazioni sono il mezzo di trasporto ideale e veloce e queste si muovono in avanti come squali che fendono le onde, con un motore potente che le fa navigare a gran velocità.

Il viaggio ci portò in un tempio con una incredibile quantità di statue di Budda. I turisti sciamavano nel sito, facendo quante più foto possibili alle statue ricoperte d'oro. Una vista interessante, devo ammettere. Durante i nostri frequenti viaggi ci siamo imbattuti in una grande diversità di culture e religioni. Ci ha fatto comprendere quanto fosse piccolo il nostro mondo, provenendo da un piccolo Stato come i Paesi Bassi.

Crescendo in una famiglia Cristiana, non avevamo contatti con altre religioni, fatta eccezione forse con il Giudaismo. Quindi, vedere questa massa di persone che adoravano, si inchinavano davanti a statue coperte d'oro e tessuti, era piuttosto strano per noi. Indifferenti a ciò che facevano le persone, le statue non si sono mai mosse, non hanno mai battuto ciglio, e non hanno mai sorriso. C'era sempre questa freddezza, questa distanza.

Ora, è chiaro da tutte le storie che leggiamo nella Bibbia che ogni nazione aveva il suo dio o dèi, così come Israele aveva il Signore Yahweh come loro Dio. Michea 4:5 rivela,

Mentre tutti i popoli camminano ciascuno nel nome del suo dio, noi cammineremo nel nome del Signore, nostro Dio, per sempre.

Non sono un teologo e non sono sicura se sia stato Dio ad assegnare un dio ad ogni nazione, o se questi lo hanno eletto da soli. Ciò che importa è che Egli ha scelto Israele come Suo popolo e dopo ha anche adottato i Gentili (popoli al di fuori di Israele, ndt), come Suoi figli, un grande privilegio. Ogni persona sulla faccia della terra è stata creata con una volontà libera, che ci consente di accettarLo o rifiutarLo come Signore. Atti 14:16 dice anche che nel passato ha lasciato che le nazioni camminassero per conto loro. Nessuno è costretto a credere che Egli sia l'unico vero Dio. In un modo o nell'altro, ognuno deve fare il proprio percorso per scoprire se Lui sia veramente Colui che dice di essere.

È stato così per migliaia di anni, così come riportano gli eventi storici nella Bibbia. Ogni tanto si è verificato un confronto (come è successo con Elia e i profeti di Baal, come riportato nel capitolo 6 del libro di 1 Samuele), e Dio sfida questi cosiddetti dèi. Isaia descrive uno di questi avvenimenti nel capitolo 41. Guardiamo insieme ai versi 21-23 dove è scritto:

Presentate la vostra causa», dice il Signore; «esponete le vostre ragioni», dice il re di Giacobbe. «Le espongano essie ci dichiarino quel che avverrà. Le vostre predizioni di prima quali sono? Ditecele, perché possiamo porvi mente,e riconoscerne il compimento; oppure fateci udire le cose future. Annunciateci quel che succederà più tardi e sapremo che siete degli dèi; sì, fate del bene o del male, affinché noi lo vediamo e lo consideriamo assieme.

Presentate la vostra causa! Dio sta chiamando gli dèi delle nazioni a venire e provare che sono veramente dèi. Potete crederci? Lui li sfida e dà loro la possibilità di mostrare la loro potenza. Non avviene nulla – silenzio. Freddezza e occhi di ghiaccio. La conclusione di Dio dovrebbe essere una lezione per noi tutti, non importa dove ci troviamo nel nostro cammino di vita. Non mettete la vostra fiducia in idoli senza vita. Mai! Leggiamo le parole del Signore ai versetti 28 e 29:

E guardo... e non c'è nessuno; non c'è tra di loro nessuno che sappia dare un consiglio, che, se io lo interrogo, possa darmi risposta. Ecco, tutti quanti costoro non sono che vanità; le loro opere non sono nulla, i loro idoli non sono che vento e cose da niente.

Nessuno di loro sa dare un consiglio. Questa frase mi incuriosisce. Il Dio della Bibbia è un Dio che parla attraverso la Sua Parola, parla attraverso il Suo Spirito Santo, parla alle persone in modo personale, così come è stato per me quando mi è stato detto di scrivere questa serie di libri. Dio ha creato i cieli e la terra con le Sue parole. Le Sue parole hanno il potere di creare, di guarire, di ristorare e incoraggiare. Mi piace come è scritto (sì, di nuovo parole) in Ebrei 1:1-3,

Dio, dopo aver parlato anticamente molte volte e in molte maniere ai padri per mezzo dei profeti, in questi ultimi giorni ha parlato a noi per mezzo del Figlio, che egli ha costituito erede di tutte le cose, mediante il quale ha pure creato i mondi. Egli, che è splendore della sua gloria e impronta della sua essenza, e che sostiene tutte le cose con la parola della sua potenza, dopo aver fatto la purificazione dei peccati, si è seduto alla destra della Maestà nei luoghi altissimi.

Serviamo un Dio che parla, non uno che rimane in silenzio, sebbene possano esserci momenti nella nostra vita dove Lui sembra tacere. Quando ci troviamo in periodi di aridità spirituale, abbiamo sempre la Sua

Parola scritta. Dio ha parlato attraverso Suo Figlio e molte di queste parole sono state tramandate per il nostro beneficio.

Ritorniamo al passaggio precedente: 'nessuno aveva un consiglio.' Dio era deluso? No, non credo – voleva solo affermarlo, perchè gli Israeliti lo vedessero, così come le generazioni future. Continuando a leggere in Isaia capitolo 42, Dio introduce il Messia che deve venire, il Suo unico Figlio, dicendo (versi 8 e 9):

Io sono il Signore; questo è il mio nome; io non darò la mia gloria a un altro, né la lode che mi spetta agli idoli. Ecco, le cose di prima sono avvenute e io ve ne annuncio delle nuove; prima che germoglino, ve le rendo note».

Lo ha dichiarato, sì, ci sono altri dèi. Ma non hanno la potenza che ha Lui e non potranno né sarà loro permesso di condividere la Sua gloria. E poi termina dicendo che Egli è il Dio che annuncia il futuro, che conosce le cose ancora prima che esse avvengano. Semplicemente perchè Egli è eterno, non è legato al tempo o allo spazio. Egli conosce il principio e la fine ed è un grande conforto quando si comprende che è un Dio buono e un Padre amorevole.

È veramente mia speranza e preghiera che possiamo ottenere sapienza attraverso queste antiche Scritture. Se c'è qualcosa di cui abbiamo bisogno in questo tempo, è sapienza. La saggezza è un altro valore cruciale per i credenti. Ricerchiamo così tante cose mondane oggi, mentre in realtà siamo chiamati a desiderare le virtù spirituali come la sapienza. Ne ho scritto partitamente nel mio libro 'La casa del vicino.' Abbiamo bisogno di sapienza per poter rimanere in piedi in un mondo pieno di stoltezza.

Se doveste ricordare anche solo una cosa di questo libro, prego sia che gli altri dèi valgono nulla, ma che i demoni possono provocare il caos. I demoni sono reali, che ci crediate o no. Questi spiriti malvagi non hanno cessato di esistere dopo il Nuovo Patto. Di Gesù è stato scritto che ha viaggiato per tutta la Galilea, predicando nelle sinagoghe e cacciando i demoni. L'apostolo Paolo avvisò Timoteo che alcune persone avrebbero abbandonato la fede negli ultimi tempi per obbedire a spiriti di menzogna e seguire gli insegnamenti di demoni.

E poi, naturalmente c'è la battaglia finale. In Apocalisse 9:20 è scritto,

Il resto degli uomini che non furono uccisi da questi flagelli non si ravvidero dalle opere delle loro mani; non cessarono di adorare i demòni e gli idoli d'oro, d'argento, di bronzo, di pietra e di legno, che non possono né vedere, né udire, né camminare.

Nella Bibbia è stato predetto un tempo dove le persone avrebbero continuato ad adorare demoni. Potrebbe essere ora? Magari non è fatto di proposito, ma quando la nostra lealtà verrso Dio è divisa, diamo spazio ai demoni, e non dovrebbe succedere.

Meditate su quanto segue:

- *Ho mai sperimentato la potenza di Dio all'opera nella mia vita attraverso la Sua Parola?*
- *La Parola di Dio è...*

Riportate i vostri pensieri:

9

Egli è amorevole

*Celebrate il Signore, perché egli è buono, perché la sua
bontà dura in eterno. Celebrate il Dio degli dèi,
perché la sua bontà dura in eterno. Celebrate il Signor
dei signori, perché la sua bontà dura in eterno.*

Salmo 136:1-3

Uno dei complessi di templi più spettacolari che abbiamo
visitato durante i nostri anni di viaggio è stato Abu
Simbel in Egitto. Il tempio costruito con pietre squadrate
era dedicato a diversi antichi dèi, così come al Faraone
Ramses. Generalmente è considerato il più grande e il più
bello tra i templi commissionati durante il regno di
Ramses II, e uno tra i più mirevoli in tutto l'Egitto.

Sebbene sia un'avventura camminare in questi luoghi e
fare un salto nel passato, alle volte ci si sente strani,
anche un poco intimoriti. Non c'è vita, non c'è musica,
nessun raduno di amici o famiglia. Neanche la preghiera.
Di nuovo, solo silenzio e freddezza. Da questo punto di
vista il luogo non è attraente. Ricordo che avevamo
lasciato quel luogo con una sensazione di tristezza.
Guardando indietro mi chiedo se fosse perchè non

avevamo trovato ciò che stavamo cercando allora. In quegli anni non eravamo credenti praticanti, ma non abbiamo mai smesso di cercare i segni che il Dio della Bibbia con cui eravamo cresciuti fosse reale, che Lui ancora toccasse le persone e facesse miracoli. Cercavamo una forma di spiritualità che ci riempisse.

In questo senso, credo che molti (giovani) viaggiatori siano dei 'ricercatori'. Alla ricerca di verità, di avventura, di un incontro genuino magari con un dio. Queste persone si possono trovare in tutto il mondo, visitando antichi templi e luoghi di sepoltura, alle volte unendosi ad alcuni gruppi religiosi o culti. Con lo zaino in spalla, ai nostri tempi, spesso era un pellegrinaggio in incognito. Abbiamo visitato una buona parte di siti religiosi e culturali di interesse storico e antropologico, ma anche per curiosità e con il desiderio di una connessione spirituale. E sebbene questi siti, dal punto di vista archeologico siano importanti e sbalorditivi... lì non c'è alcuna spiritualità. Dio non si trova tra gli altri dèi, che sono tutti morti. Egli è il Dio dei viventi. Egli respira, ama, perdona, illumina e riscalda il nostro cuore - se glielo lasciamo fare.

Gli dèi fatti da mano d'uomo non sono dèi in realtà, ma solo idoli. Guardiamo in 1 Corinzi 8:4-6 dove l'apostolo Paolo scrive,

Quanto dunque al mangiare carni sacrificate agli idoli, sappiamo che l'idolo non è nulla nel mondo e che non c'è che un Dio solo. Poiché, sebbene vi siano cosiddetti dèi sia in cielo sia in terra, come infatti ci sono molti dèi e molti signori, tuttavia per noi c'è un solo Dio, il Padre, dal quale sono tutte le cose, e noi viviamo per lui, e un solo Signore, Gesù Cristo, mediante il quale sono tutte le cose e mediante il quale anche noi siamo.

Come già visto in questo libro, sì, ci sono altri dèi, ma no, non sono reali, ma i demoni che sono dietro questi dèi sono molto veri. Nei tempi antichi, ciò che era sacrificato su un altare pagano, non era sacrificato a Dio, ma ai demoni, non posso dire se allora le persone coinvolte ne fossero consapevoli – credo non lo fossero. Chi vorrebbe offrire un sacrificio ai demoni? Bisognerebbe essere proprio pazzi per essere volontariamente coinvolti nell'adorazione di demoni.

Personalmente, io credo che le persone semplicemnte facevano ciò che i loro avi avevano già fatto e non ci pensavano più di tanto. Fu solo quando Paolo arrivò a predicare loro il Vangelo che i loro occhi si aprirono alla verità. Ai nostri giorni, una mancanza di conoscenza biblica, così come l'ignoranza del mondo spirituale, e la vera natura delle pratiche occulte, attirano le persone in situazioni pericolose. Qualcuno deve condividere con loro il Vangelo, e mettere queste pratiche nella giusta prospettiva. Potete chiedere a qualsiasi cristiano che sia uscito dalle pratiche dell'occulto e vi confermerà che la verità li ha resi liberi!

Gli dèi che non sono tali in alcun modo, non reggono il confronto con il Grande Io Sono che è l'unico vero Dio. La realtà è che vi sono altri dèi, ma la verità è che c'è un solo Dio che vive ed ha la potenza, gloria e dominio per sempre. Dio stesso lo ha chiarito come possimo leggere in Deuteronomio 31:19,

Mi hanno provocato ad ira con i loro idoli, provocato la mia gelosia con i loro cosiddetti dèi, che in realtà non sono dèi.

Dèi che non sono veri dèi, eppure l'adorazione di questi idoli ha provocato la Sua ira e gelosia. Qui sembra quasi che si scontrino due opposti. Altri dèi che non sono tali, eppure in qualche modo lo sono. Penso che Paolo lo avesse compreso, doveva aver ricevuto rivelazione leggendo gli antichi rotoli, e osservando intorno a lui la società di quel tempo (in Israele e in Grecia). Ha scritto: 'anche se ci sono cosiddetti dèi…'. Penso che su questo punto siamo d'accordo, ci *sono* altri dèi, altrimenti il primo comandamento non avrebbe alcun senso. Forse Egli ravvisava il pericolo di attività religiose senza un incontro personale con Dio stesso; era solo unirsi ad alcuni rituali perchè tutti gli altri lo facevano.

Paolo (il suo nome in quel periodo era ancora Saulo), aveva anche approvato l'uccisione di Stefano; in quel tempo la chiesa in Gerusalemme soffriva terribilmente e Saulo causava grandi problemi alla chiesa. Andava di casa in casa, arrestando uomini e donne e li metteva in prigione. Potete leggere questa storia in Atti 8. Quanto poteva essere ingannato e cieco alla verità! Quando giunse alla fede, si rese conto degli errori fatti nel nome della religione e ne fece suo compito principale avvisare seriamente gli altri di quel pericolo. Lo zelo ideologico mal indirizzato può portare all'omicidio. Ricordiamolo. Lo possiamo vedere nelle azioni di molti terroristi oggi.

Paolo aveva anche compreso il pericolo di negare l'esitenza dei cosiddetti dèi, o più precisamente idoli. Egli insegnò fermamente a non adorare gli idoli e consumare cibo offerto ad essi. Guardiamo nuovamente questo passaggio rivelatore in 1 Corinzi 10:18-21,

Guardate l'Israele secondo la carne: quelli che mangiano i sacrifici non hanno forse comunione con l'altare? Che cosa sto dicendo? Che la carne sacrificata agli idoli sia qualcosa? Che un idolo sia qualcosa? Tutt'altro; io dico che le carni che i pagani sacrificano, le sacrificano ai demòni e non a Dio; ora io non voglio che abbiate comunione con i demòni. Voi non potete bere il calice del Signore e il calice dei demòni; voi non potete partecipare alla mensa del Signore e alla mensa dei demòni.

Ciò che è sacrificato su altari pagani è offerto ai demoni. Quindi forse i cosiddetti dèi non sono reali, ma i demoni sì. Penso che lo si veda chiaramente oggi. Le persone possono non inchinarsi deliberatamente ad una statua, ma sacrificano vite umane al demone dell'aborto – e questo mi porta ad un altro valore essenziale per i credenti: proteggere la vita. La vita è un dono dato da Dio, e tutte le vite sono preziose per Lui, che sia la vita di un essere non nato, i disabili, gli anziani o i reietti. Se non avete mai letto il mio libro 'Soffio di Vita', vi raccomando di farlo. Tratta seriamente la sacralità della vita.

Così, come accennato prima, magari le persone non si inchinano fisicamente davanti ad una statua, ma sacrificano denaro, salute e il futuro al demone della dipendenza. Stanno sacrificando la loro integrità al demone dell'avarizia e inganno, offrono la loro purezza ai demoni della perversità sessuale, della concupiscenza e pornografia. Sì, in questo senso il pericolo è enorme.

Naturalmente non c'è nulla di nuovo sotto il sole. Possiamo leggere in Deuteronomio 32:16-17 che Israele suscitò la gelosia di Dio adorando altri dèi, che in realtà sono demoni.

Essi lo hanno fatto ingelosire con divinità straniere, lo hanno irritato con pratiche abominevoli. Hanno sacrificato a dèmoni che non sono Dio, a dèi che non avevano conosciuto, dèi nuovi, apparsi di recente, che i vostri padri non avevano temuto.

Nel passaggio rivelatorio di 1 Corinzi 10:18-21 Paolo deve essersi rifatto al sacrificio di demoni menzionato qui in Deuteronomio. Perchè mai uno sano di mente dovrebbe sacrificare ai demoni? Quale sarebbe il beneficio, quale il risultato? La Bibbia dice che quando adoriamo Dio, Lui dimora nelle nostre lodi. In altre parole, quando Lo adoriamo, Lui ci è molto vicino. La Sua presenza è tangibile quando Lo adoriamo, diventiamo come una cosa sola. Ora, se questo funziona nello stesso modo adorando i demoni, immaginate quale tipo di paura, distruzione e caos viene creato nell'adorazione di demoni, Non c'è da stupirsi se il primo comandamento dice: 'non avere altro dio all'infuori di Me'.

Abbiamo però la promessa di Dio che Lui ridurrà a nulla i demoni sulla terra, e ogni Nazione lo adorerà, ognuno nel suo Paese (Sofonia 2:11). Questo rivela che i cosiddetti dèi saranno rimossi, e forse più di quello... che dovranno ammetterre che c'è un solo Dio. Il salmista lo aveva compreso e guardava con ansia a quel momento. Salmo 97:6-7,

I cieli annunciano la sua giustizia e tutti i popoli vedono la sua gloria. Sono confusi gli adoratori di immagini

e quanti si vantano degl'idoli; si prostrano a lui tutti gli dèi.

Che visione sarà. Gli dèi che si inchinano, i demoni che tremano davanti al Signore, il Signore della gloria. E coloro che adoravano gli idoli saranno svergognati, semplicemente perchè vedranno che i cosiddetti idoli a cui correvano dietro, non hanno alcun valore. Che sia l'avarizia, la concupiscenza, l'orgoglio, il potere, l'adulazione delle persone, istruzione o elitismo. Tutto questo non varrà nulla quando Dio rivelerà la Sua gloria e supremazia su ogni cosa in cielo, in terra e sotto la terra.

Che le persone ci credano o no, quel momento verrà. Si raccomanda vivamente di prepararsi, di assicurarsi di non stare servendo altri dèi, in nessun modo e forma. Farlo ha come risultato essere molestati dagli spiriti che li governano. Il mondo spirituale può ancora avere molti segreti per noi, ma la Bibbia dice chiaramente che le potenze spirituali, le forze malvagie e i principati sono presenti e molto attivi.

Comunque sia, il giorno verrà sicuramente e tutti gli dèi dovranno inchinarsi, e noi canteremo:

Io ti celebrerò con tutto il mio cuore, davanti agli dèi salmeggerò a te (Salmo 138:1).

Credo che sarà un momento glorioso, un giorno di trionfo quando tutti gli occhi vedranno, tutte le menti comprenderanno e tutti i cuori ameranno Colui che è al di sopra di ogni cosa!

Meditate su quanto segue:

- *Demoni. Cosa porta alla mia mente?*
- *Adoro/riverisco qualcun altro oltre Dio?*

Riportate i vostri pensieri:

10

Egli è misericordioso

Perché il Signore è grande e degno di sovrana lode;
egli è tremendo sopra tutti gli dèi.

1 Cronache 16:25

Ci trovammo in una piccola città in Bolivia, in alto sulle Montagne Andine, durante la festività annuale del carnevale. Sembrava l'avvenimento dell'anno, tutti era entusiasti!

Ogni giorno, lungo le piccole strade ventose della cittadina dove eravamo, si verificava una processione. Le persone indossavano abiti molto colorati, tanti di loro erano ubriachi per le bevande locali, mentre portavano a spalla statue e immagini di diversi santi che provenivano da un miscuglio di cattolicesimo e religioni indigene. La folla danzava e si muoveva lentamente in salita verso la chiesa più vicina dove si celebravano altri rituali, sconosciuti a noi dell'Europa occidentale.

Durante le festività del carnevale in Bolivia evitavamo di entrare nelle chiese locali, solo perchè c'erano troppe persone e troppo chiasso. Non riuscivamo a comprendere come alcuni dei rituali che si svolgevano fossero inerenti alla religione, in base al concetto che avevamo di essa in quel tempo. Le persone erano chiassose ma non felici, alzavano le voci, ma non per entusiamo, cantavano, ma non lodavano. Era una forma religiosa esteriore, ma mancava di vera potenza.

Attraverso i secoli è chiaro che le persone cercano un dio che possono vedere e toccare. Un dio da andare a trovare, inchinarsi e portarselo di luogo in luogo. Il desiderio per un dio che si possa vedere, ascoltare, sentire e toccare è comprensibile, ma allo stesso tempo irrealistico. Il desiderio di un dio come gli umani, porta a farsene immagini e statue e di conseguenza all'idolatria... ossia l'adorazione di cose fatte da mano d'uomo, ma la Bibbia ci dice che Dio vuole che le persone siano come Lui.

La nostra mancanza di comprensione spirituale spesso ci tiene intrappolati in pensieri umani. È successo anche agli antichi Israeliti. Seriamente e disperatamente chiesero ad uno dei loro leader, Aaronne:

"Facci un dio che vada davanti a noi; poiché quel Mosè, l'uomo che ci ha fatti uscire dal paese d'Egitto, non sappiamo che fine abbia fatto". (Esodo 32:23).

La cosa più incredibile era che *avevano* un Dio che era andato davanti a loro con una colonna di fuoco durante la notte e una nuvola di giorno. Avevano un Dio che aveva mostrato loro di essere reale precedendoli con segni visibili e tangibili. Ma per qualche ragione avevano cominciato a pensare che non fosse sufficiente. Volevano qualcuno che potessero vedere, a cui inchinarsi. Vediamo il desiderio di poter adattare Dio alla mente umana nuovamente ripresentarsi nel cristianesimo e nella maggior parte delle religioni. Ritorna sempre nel rituale di adorare idoli fatti da mano d'uomo, simboli, statue, dipinti, cimeli, ecc. ecc. Invece di rendere omaggio a Colui che ha pronunciato la Parola che si è fatta carne.

Naturalmente il pensiero umano di voler vedere e toccare Dio non è stata una sorpresa per il Padre celeste. Egli ci ha dato la miglior ed esatta rappresentazione di Se stesso nel Suo Figliolo Gesù Cristo, il quale è venuto sulla terra come uomo per vivere tra le persone e mostrare loro il vero carattere di Dio che non riuscivano a vedere. Ebrei 1:3 lo dice splendidamente,

Questo Figlio è il riflesso della gloria di Dio, l'immagine perfetta di ciò che Dio è. È lui che regola l'universo con la forza straordinaria del suo comando.

Gesù esprime il vero carattere di Dio, pensateci. Tutto ciò che le persone vedevano in Lui e tutto ciò che è stato scritto affinché noi potessimo leggerlo, mostra il vero carattere di Dio. Chi dice che non possiamo conoscerlo? Chi dice che Lui sia un Dio distante che rimane misterioso? Gesù l'ha fatto conoscere, Egli era Dio tra noi, Emmanuele – Gesù ha dato un volto a Dio. Ha vissuto qui sulla terra e ha camminato tra noi. Egli ci ha mostrato la via per rimanere collegati tramite il Suo Santo Spirito, che rimarrà con noi fino alla fine dei tempi. Lo Spirito Santo produce il carattere divino nei credenti: amore, gentilezza, pazienza, equità, giustizia, grazia, gioia, pace e autocontrollo… Tratti caratteriali che rendono Dio visibile in noi! Atti 17:29-30 dice:

Essendo dunque discendenza di Dio, non dobbiamo credere che la divinità sia simile a oro, ad argento, o a pietra scolpita dall'arte e dall'immaginazione umana. Dio dunque, passando sopra i tempi dell'ignoranza, ora comanda agli uomini che tutti, in ogni luogo, si ravvedano.

Dimenticate immagini e statue. Abbiamo un Dio che si può vedere, che si può sentire e sperimentare, ora più che mai, perchè ci ha mandato lo Spirito Santo. Lo Spirito di verità che è stato riversato su noi perchè potessimo portare gloria a Gesù e ci sussurra segreti da parte del cuore di Dio. Ma quanto è meraviglioso? Perchè mai dovremmo correre dietro a cose fatte dagli uomini invece di correre a Lui, che è Spirito per conoscerLo meglio?

Perchè dovremmo passare così tanto tempo a conoscere ciò che il mondo ha da offrire, invece di trascorrere così poco tempo ad esplorare la Sua Parola potente che regge l'intero universo? Gesù è la vivente Parola di Dio, ed è stato Suo desiderio portare gloria al Padre facendocelo conoscere, accordandoci le nostre richieste di preghiera rivolte a Dio. Egli non vuole rimanere un mistero. Infatti, Egli ha dato dei doni alla chiesa, al corpo dei credenti, per giungere alla piena conoscenza del Figlio di Dio. Questo è il Dio che serviamo. È reale, onnisciente, e onnipotente. Egli è onnipresente e ama senza limiti. Nessun idolo, nessun altro dio può anche solo essere paragonato alla Sua ombra senza cadere. Nessun altro dio possiede gli attributi dell'Iddio di Israele. Nessuna statua ha mai mostrato amore e infinita misericordia. Nessun idolo ha mai guarito un malato o aperto gli occhi ad un cieco. Nessuna statua ha mai mostrato generosità.

Il Dio della Bibbia è generoso, così probo da dare il Suo unico e amato Figlio per salvare il mondo dalle tenebre, distruzione e morte. Suo Figlio è venuto nel mondo per darci vita, una vita in abbondanza. Questo è in forte contrasto con l'opera di Satana e dei suoi demoni. Perchè lui viene per rubare, uccidere e distruggere. Egli è un ladro, Gesù è un donatore! La generosità pertanto è un valore fondamentale per i credenti. Il mio libro premiato 'La grazia del donare', parla delle opere del ladro e delle opere di Gesù. Non perdetevelo!

Nella Sua generosità, Gesù ha fatto ciò che nessuna statua è mai stata in grado di fare, ossia di perdonare i nostri peccati e cancellare le lacrime di vergogna e colpa. Nessuna statua ha mai potuto offrirci un nuovo pieno inizio. Gesù lo ha fatto. La Scrittura di 2 Corinzi 5:17 lo dice chiaramente:

Se dunque uno è in Cristo, egli è una nuova creatura; le cose vecchie sono passate: ecco, sono diventate nuove.

Meditate su quanto segue:

- *Che tipo di relazione ho con lo Spirito Santo?*
- *Come passo il mio tempo con Lui?*

Riportate i vostri pensieri:

11

Egli è grande

Io so che il nostro Signore è grande, più grande di qualsiasi altro dio.

Salmo 135:5

Una delle gioie nel viaggiare in terre diverse e conoscere culture differenti è l'esposizione alle lingue. Durante il nostro lungo viaggio in Messico, America Centrale e del Sud, ci siamo iscritti ad un corso di lingua spagnola in Antigua, Guatemala e abbiamo imparato a sufficienza per fare delle piccole conversazioni e porre delle domande.

Sebbene lo spagnolo odierno sia molto utile nelle regioni menzionate sopra, non è di aiuto quando si cerca di decifrare lingue antiche come quello atzeco. Gli atzechi erano un popolo nativo Americano che ha dominato il Nord del Messico ai tempi delle conquiste spagnole all'inizio del 16° secolo. Sebbene in origine fosse una cultura nomade, alla fine gli Atzechi si erano stanziati in diverse piccole isole nel Lago Texcoco, dove fondarono la città di Tenochtitlan, oggi chiamata Città del Messico.

Abbiamo visitato diversi musei dedicati agli Atzechi e ricordo che ero orripilata all'idea che potessero strappare un cuore umano, un cuore pulsante che ci si creda o no, per offrirlo agli dèi del sole e alle dèe. Questi dèi avevano dei nomi difficili da pronunciare, come Huitzilopochtli, Quetzalcoatl, e Tezcatlipoca. Già, non era servito cercare di imparare lo spagnolo.

Come abbiamo visto in altre culture e religioni antiche, gli dèi erano dèi di guerra e battaglia. I loro caratteri erano maligni, rabbiosi e spesso violenti. Non c'è statua, o idolo, un dio antico o dea che abbia la capacità di donare amore per guidare il popolo verso la sicurezza. Grazie alla storia biblica sappiamo che è così che Dio ha continuamente mostrato di essere reale, ad esempio nel libro di Giosuè. Quando Giosuè chiese alle persone chi volevano servire, Dio o altri dèi, la loro risposta fu chiara come possiamo leggere nel capitolo 24:16-17:

Allora il popolo rispose e disse: «Lungi da noi l'abbandonare il Signore per servire altri dèi! Poiché il Signore è il nostro Dio; è lui che ha fatto uscire noi e i nostri padri dal paese d'Egitto, dalla casa di schiavitù, che ha fatto quei grandi miracoli davanti ai nostri occhi e ci ha protetti per tutto il viaggio che abbiamo fatto, e in mezzo a tutti i popoli fra i quali siamo passati"

'Egli ci ha protetti', ebbene questo è più che sufficiente per dare a Dio la gloria. Il popolo aveva riconosciuto che

Dio aveva vegliato su loro per tutto il tempo e hanno promesso di non abbandonarlo mai e di servirLo fedelmente. Il versetto 31 dello stesso capitolo dice,

Israele servì il Signore durante tutta la vita di Giosuè e durante tutta la vita degli anziani che sopravvissero a Giosuè, i quali avevano conoscenza di tutte le opere che il Signore aveva fatte per Israele.

Continuarono a servire Dio finché vissero i loro leader i quali erano testimoni di quei miracoli. Una generazione durante la quale è stata tenuta viva la memoria e questo fu sufficiente per mantenere il popolo vicino a Dio. Sappiamo però, dal resto della storia, che poi si rivolsero ad altri dèi, come è riportato in Giudici 2:10,

Anche tutta quella generazione fu riunita ai suoi padri; poi, dopo quella, vi fu un'altra generazione che non conosceva il Signore, né le opere che egli aveva compiute in favore d'Israele.

Santo cielo, se questo non mostra l'importanza della memoria, non so cos'altro lo possa fare. È cruciale che diciamo ai figli dei nostri figli ciò che il Signore ha fatto per noi, perchè devono sapere quanto è grande Dio. Se non testimoniamo, se rimaniamo in silenzio, la prossima generazione sarà portata lontano da persone che levano la loro voce per celebrare il loro orgoglio e le loro vittorie.

Il popolo d'Israele dimenticò il Signore! Come fu possibile? Smisero di adorare il Signore, il Dio dei loro padri, il Dio che li aveva guidati fuori dall'Egitto, e cominciarono ad adorare altri dèi, quelli dei popoli intorno a loro. Si inchinarono davanti ai loro idoli e provocarono l'ira del Signore. Leggete Giudici 2 e considerate voi stessi come quelle decisioni portarono al disastro. Il Signore si adirò così tanto con Israele che Egli permise a delle bande di ladroni di attaccarli e derubarli. Lasciò che i nemici intorno a loro li vincessero, e gli Israeliti non potevano più proteggersi.

'Egli ci ha protetto', più che sufficiente per dare gloria a Dio. Lo ricordate? La generazione successiva si trovò senza protezione perchè si era rivolta a idoli senza valore. Avevano messo la loro fiducia in dèi fatti da mano d'uomo, che non erano dèi per nulla – cosiddetti dèi che erano freddi e senza vita, come lo erano i demoni che li controllavano. Invece di portare vita, generavano morte e distruzione a tutti i livelli.

In sostanza, tutti i demoni sono contrari a Dio e si oppongono a tutto ciò che il Creatore dei cieli e della terra simboleggia. Pensate alla vita, all'amore, alla luce, al perdono, alla grazia, alla pazienza, alla misericordia, alla gioia, all'abbondanza, alla restaurazione, al riposo e al rinnovamento. Se potete trovare alcuni di questi attributi divini nell'occulto ditemelo. Mi sorprenderebbe molto.

C'è qualche dio che stabilisce il riposo per il suo popolo? Cerchiamo di essere onesti, gli dèi di questo mondo fanno correre in tondo le persone, fanno vivere vite frenetiche, dove manca la pace. Conosco persone che sono nella consapevolezza, meditazione orientale e pratiche della New Age. Cercano disperatamente la pace, ma non riescono a trovarla. Dio, tuttavia, ci dà la vera pace – una chiara ricetta per rimanere felici e in buona salute: un giorno di riposo dopo sei giorni di lavoro. Il regolare riposo è un valore corale per ogni credente! Leggete il mio libro 'Sacred Sabbath (sabato sacro ndt)', che è il primo libro di questa serie di dieci.

Gli altri dèi sono descritti piuttosto bene nel Salmo 115:2-8,

Perché le nazioni dovrebbero dire: «Dov'è il loro Dio?» Il nostro Dio è nei cieli; egli fa tutto ciò che gli piace. I loro idoli sono argento e oro, opera delle mani dell'uomo. Hanno bocca e non parlano, hanno occhi e non vedono, hanno orecchi e non odono, hanno naso e non odorano, hanno mani e non toccano, hanno piedi e non camminano, la loro gola non emette alcun suono. Come loro sono quelli che li fanno, tutti quelli che in essi confidano.

Ebbene, questo è un serio avvertimento, diventare come gli idoli fatti dall'uomo: senza vita, sordi, muti, immobili.

Di fatto incapaci di fare alcuna cosa, vivere nella valle dei morti con gli idoli.

Mi ha sempre sorpreso come alcune culture e regni sembrano essere scomparsi dalla terra. Gli antichi egizi, i Maya, gli Atzechi, la loro civiltà non esiste più. Mi chiedo se sono diventati come gli idoli in cui avevano confidato e sono scomparsi dalla terra.

Meditate su quanto segue:

- *Scrivo diverse cose che Dio ha fatto nella mia vita.*
- *Ho mai fatto delle promesse a Dio che poi non ho mantenuto?*

Riportate i vostri pensieri:

12

Egli è fedele

Eppure, io sono il Signore, il tuo Dio, fin dal paese d'Egitto; tu non devi riconoscere altro Dio all'infuori di me, all'infuori di me non c'è altro salvatore.

Osea 13:4b

Eravamo in piedi, meravigliati mentre guardavamo il Partenone, il tempio che domina l'acropoli di Atene. Una costruzione magnifica dedicata alla dea greca Atena Partenos. Il Partenone è forse il tempio più famoso di tutta la Grecia, sebbene l'intero Paese sia disseminato di templi che dovevano servire da dimora per i vari dèi o dèe che avrebbero dovuto proteggere e sostenere la comunità.

Il dio o la dea era rappresentata da un'immagine da adorare, generalmente una statua eretta o seduta che occupava la parte centrale del tempio. Inizialmente erano fatte di legno, ma nel corso degli anni sono stati utilizzati materiali più costosi e duraturi, pietra o bronzo fuso. Ho perso il conto di quanti siti antichi abbiamo visitato, così come dei nomi degli dèi e dèe greche. Tuttavia, ricordo una cosa dalle informazioni fornite al tempio e dai siti archeologici, ossia il fatto che gli dèi della mitologia greca non erano necessariamente numi favorevoli, anzi venivano loro attribuiti poteri distruttivi.

Se avete mai letto l'intero Antico Testamento, avrete notato che neanche il Dio d'Israele era sempre benevolo. In molte occasioni si era levato con ira contro il Suo popolo perchè correvano dietro ad altri dèi. E allo stesso modo non aveva esitato a portare distruzione tra i loro nemici. Sebbene le cose siano piuttosto cambiate da quando ha mandato Gesù sulla terra, Dio stesso non è cambiato. A mio avviso alle volte lo descriviamo persino troppo dolce, tipo Babbo Natale. Sì, Dio è amore ma è anche giusto e giudicherà il mondo con equità.

Come cristiani, abbiamo spesso confuso l'amore di Dio con la nostra tolleranza per la disobbedienza, anche all'interno della chiesa, ma Dio non tollera il male. Sì, è paziente, gentile, ma è altresì vero che ci allontaniamo dalla Sua protezione quando siamo disobbedienti e ci rifiutiamo di riconoscerLo per chi Lui è. Quando gli apparteniamo non abbiamo nulla da temere, niente da nascondere e nulla da voler trattenere, a patto di tenerci lontani dal male, dal peccato, dai falsi dèi. Leggete con me in 1 Giovanni 5:19-21,

Noi sappiamo che siamo da Dio, e che tutto il mondo giace sotto il potere del maligno. Sappiamo pure che il Figlio di Dio è venuto e ci ha dato intelligenza per

conoscere colui che è il Vero; e noi siamo in colui che è il Vero, cioè, nel suo Figlio Gesù Cristo. Egli è il vero Dio e la vita eterna. Figlioli, guardatevi dagl'idoli

Guardatevi dagli idoli o falsi dèi! Questo avvertimento viene dall'apostolo Giovanni, quello che Gesù amava, colui che si trovava ai piedi della croce durante la crocifissione, che ha scritto uno dei Vangeli che è quasi interamente una rivelazione riguardo agli insegnamenti e preghiere espresse dalla bocca di Gesù. L'apostolo che ha scritto tre lettere sul tipo di vita che i credenti dovrebbero condurre, lui, l'apostolo che ha ricevuto la visione apocalittica e ha scritto il libro della Rivelazione o Apocalisse. Ha parlato dell'unico vero Dio perchè Lo conosceva, era stato con Lui e aveva visto la Sua gloria.

Aveva ricevuto rivelazione sulla battaglia spirituale che avviene tra il diavolo, i suoi demoni e i figli di Dio. Aveva compreso come nessun altro, che non era un gioco o qualcosa da trascurare. Sicuramente conosceva gli antichi scritti del salmista, come il Salmo 6:4,

I dolori di quelli che corrono dietro ad altri dèi saran moltiplicati; io non offrirò le loro libazioni di sangue, né le mie labbra proferiranno i loro nomi.

I dolori si moltiplicano quando corriamo dietro ad altri dèi. È un invito ad una seria introspezione della vita che stiamo conducendo come cristiani. Ci siamo inchinati al dio della cupidigia, benessere, egoismo, orgoglio, dipendenza, consumismo, ambizione, intellettualismo, immoralità e così via? Affrontiamo la verità, il diavolo cerca *sempre* chi *può* divorare. Gli diamo accesso abbandonando la nostra lealtà verso Dio.

A dire il vero, il diavolo ha anche tentato i suoi trucchi con Gesù. In Luca 4:5-8 possiamo leggere questo:

Il diavolo lo condusse in alto, gli mostrò in un attimo tutti i regni del mondo e gli disse: «Ti darò tutta questa potenza e la gloria di questi regni; perché essa mi è stata data, e la do a chi voglio. Se dunque tu ti prostri ad adorarmi, sarà tutta tua». Gesù gli rispose: «Sta scritto: "Adora il Signore, il tuo Dio, e a lui solo rendi il tuo culto"». "

La risposta che Gesù diede è l'unica giusta, adora e servi solo Dio. Non pensare nemmeno di servire altri dèi o idoli a cui non si può affidare la nostra anima. Al contrario, i demoni che agiscono dietro questi falsi dèi e idoli scatenano il caos, portano situazioni difficili e possono causare problemi di salute gravi e pericolosi. La Bibbia ci offre diversi esempi di persone che soffrivano a causa di spiriti maligni. Queste cose sono reali e dobbiamo tenerci lontani da esse.

Oggigiorno le persone sono molto interessate a situazioni come il tempo, il cambiamento climatico, eventi atmosferici ecc., al punto che sta diventando un culto, una religione. Sì, anche adorazione di idoli. Come cristiani dobbiamo rimanere vigili e assicurarci di non superare i limiti che Dio ha stabilito. Egli ha reso molto chiaro nella Sua Parola che coloro che Gli appartengono devono vivere una vita differente. In Deuteronomio 4:19 dice:

...affinché, alzando gli occhi al cielo e vedendo il sole, la luna, le stelle, tutto l'esercito celeste, tu non ti senta attratto a prostrarti davanti a quelle cose e a offrire loro un culto, perché quelle sono le cose che il Signore, il tuo Dio, ha lasciato per tutti i popoli che sono sotto tutti i cieli.

Spesso le persone si danno all'adorazione di idoli, ma nel momento in cui si giunge alla conoscenza salvifica di Dio, le cose cambiano. Mutano i nostri interessi, come la nostra devozione e la nostra lealtà.

Deuteronomio 32:4 dice che il Signore è un potente difensore, perfetto e giusto in tutte le Sue vie. Egli è fedele e vero e fa le cose rettamente ed equamente. Chi non vorrebbe seguire un Dio così fedele? È buona cosa realizzare e proclamare continuamente che Egli è perfetto in tutte le Sue vie, ed è confortante sapere che garantisce la Sua protezione nelle nostre vite. Paolo lo esprime in modo meraviglioso in Romani 8:38-39:

38 Infatti sono persuaso che né morte, né vita, né angeli, né principati, né cose presenti, né cose future, 39 né potenze, né altezza, né profondità, né alcun'altra

creatura potranno separarci dall'amore di Dio che è in
Cristo Gesù, nostro Signore.

Meditate su quanto segue:

- *Ci sono situazioni intricate nella mia vita che potrei evitare?*
- *A chi mi rivolgo per protezione dal pericolo?*

Riportate i vostri pensieri:

13

Egli è luce

I miei testimoni siete voi, dice il Signore, voi, e il mio servo che io ho scelto, affinché voi lo sappiate, mi crediate, e riconosciate che io sono. Prima di me nessun Dio fu formato, e dopo di me, non ve ne sarà nessuno.

Isaia 43:10

Uno dei nostri primi viaggi con mio marito fu con un vecchio camper van. Ci stavamo dirigendo verso l'estremo nord, e guidavamo attraverso le montagne, i fiordi e la tundra. Ce la prendevamo comoda, il camper era lento e la vita piacevole.

Infatti, questo era il nostro primo viaggio dopo il terribile incidente con la moto che aveva avuto mio marito, dove si era rotto quattro vertebre, la rottura del bacino e altri traumi dolorosi, ma questa è un'altra storia. Ce la prendevamo comoda dicevo, viaggivamo lentamente, ci godevamo la campagna che in Norvegia è molto bella. Durante il nostro viaggio abbiamo imparato alcune cose sui trolls e la mitologia scandinava.

Troll è il termine usato per descrivere i vari esseri soprannaturali del folclore nordico e le storie tramandate di tradizoni. Queste creature sono spesso pericolose e stupide. Una brochure turistica a Lillehammer descrive così i trolls: 'Giganti forti, cattivi e pericolosi, Brutti con grandi nasi e gli occhi grandi come piatti, e spesso con tante teste e un solo occhio. Molti sono vissuti nelle montagne o in luoghi remoti freddi, ma sono anche esistiti trolls che vivevano nell'oceano e nelle foreste.'

Nella mitologia scandivana sono menzionati diversi dèi e dèe. Sebbene non in gran numero come ad esempio nell'induismo, sono tuttavia ben conosciuti. Quando penso alle storie riguardo a tutti gli dèi e dèe, trolls e altre creature strane che abbiamo incontrato durante i nostri viaggi, è chiaro che la maggior parte sono descritti come rabbiosi, oscuri, pericolosi, imprevedibili, esplosivi ecc. In genere non ce ne sono di simpatici e divertenti.

In linea generale le persone temevano questi dèi, e passavano la maggior parte delle loro vite cercando di compiacerli in modo da non essere maledetti da loro. Nessuna figura mitologica è stata capace di amare, di concedere grazia e perdono. In verità, nessun cosiddetto dio poteva guarire un cuore rotto e neanche un braccio rotto, nessun altro dio era capace di dare alcunchè. Le persone erano loro schiave, solo per paura. È triste che ancora oggi le persone vivano nella paura di Dio, il Creatore dell'universo. Paura di essere castigati, rifiutati, essere confrontati con i loro errori ed essere puniti. Una vita di paura non è una vita che compiace Dio. Dove abita la paura la fede non ha posto, le due cose non legano insieme.

Ora, ciò che la Bibbia definisce 'il timore del Signore', non ha nulla a che vedere con l'aver paura di tutto, ma è riferita all'ammirazione e riverenza verso Dio, per mostrare che dipendiamo da Lui e Lo rispettiamo. Infatti,

Il principio della saggezza è il timore del Signore, e conoscere il Santo è l'intelligenza. (Proverbi 9:10).

Non abbiamo nulla da temere, ma molto da rispettare. Il rispetto è un valore fondamentale nel cristianesimo. La Bibbia ci chiama ad un rispetto reciproco tra genitori e figli, tra coniugi e tra noi e Dio. Ne ho scritto partitamente nel mio libro 'Respectfully Yours' (Rispettosamente tuo ndt).

In tutto l'Antico Testamento si può leggere che le persone spesso avevano paura di Dio, non per riverenza, ma perchè Gli avevano disobbedito correndo dietro ad altri dèi. Oggi non dobbiamo temere, perchè Dio ci ama e ci ha perdonati, si cura di noi e possiamo godere della Sua protezione – questo naturalmente se non corriamo dietro ad altri dèi.

Quando lo facciamo, lasciamo consapevolmente la Sua protezione e nel farlo apriamo la porta al nemico per entrare nelle nostre vite. Potrebbe essere doloroso, ma sarebbe buono chiederci se non abbiamo degli altri dèi nella nostra vita. Cose che richiedono tanto tempo, che costano tanto denaro, che occupano i nostri pensieri ecc. Può essere spiacevole, ma sarebbe buono chiedersi se la nostra lealtà verso Dio è divisa. Non pensate che siccome viviamo in tempi moderni gli altri dèi siano spariti. Il mondo demoniaco è molto attivo, forse persino di più ora che il cristianesimo si è sparso in tutto il mondo. Il continente dove si era prima radicato il cristianesimo, sta ora abbandonando in massa le vie del Signore.

Quando Gesù è venuto sulla terra in forma umana, Egli rappresentava Dio Padre e lo ha fatto molto bene. Egli andava tra la gente facendo del bene e guarendo coloro che erano oppressi dal diavolo. Questo non deve sorprenderci, le persone avevano adorato altri dèi per secoli e le maledizioni generazionali erano una cosa comune, e lo sono ancora oggi. Gesù è venuto per cercare coloro che erano perduti e restaurare ciò che era spezzato. È venuto per riconciliare con Dio, il Dio dei loro padri la generazione perduta e sola della Sua gente. Forse la cosa più incredibile e che ha fatto tremare la terra, è stata che Egli è venuto per parlare della verità.

Ogni volta che apriva bocca, usciva la verità. Non c'eraalcuna falsità in Lui perché Gesù è la verità. Egli parlò del Padre e fece in modo che le persone potessero restaurare la loro relazione rotta con il dio dei loro padri.

È venuto per liberare le persone dalla potestà demoniaca, dalle tenebre. L'apostolo Giovanni lo dice così:

Questo è il messaggio che abbiamo udito da lui e che vi annunciamo: Dio è luce, e in lui non ci sono tenebre (1 Giovanni 1:5).

In Dio non vi sono tenebre alcune! Quindi lasciatemi dire apertamente: se sperimentiamo qualche tipo di tenebre nelle nostre vite, il nemico sta lavorando. Le sue opere sono chiare: depressione, violenza, incidenti, malattie, oppressione, paura, preoccupazioni, ansietà, peccato, malvagità, concupiscenza e tante altre cose malvage. Gli altri dèi vengono dal mondo delle tenebre ed è esattamente ciò che portano con loro quando diamo loro l'opportunità di operare nelle nostre vite. Ma in Dio non ci sono tenebre, le nostre vite dovrebbero riflettere quegli attributi che leggiamo in Efesini 5:8-9,

...perché in passato eravate tenebre, ma ora siete luce nel Signore. Comportatevi come figli di luce **9** *- poiché il frutto della luce consiste in tutto ciò che è bontà, giustizia e verità.*

Leggete l'intero capitolo per favore se volete sapere con certezza cosa significhi 'vivere nella luce', da una prospettiva biblica.

Meditate su quanto segue:

- *Vivere nella luce significa...*
- *Ci sono aree 'tenebrose' nella mia vita che devo risolvere?*

Riportate i vostri pensieri:

14

Egli è misericordioso

perché la misericordia del nostro Dio è piena d'amore. Egli farà levare su di noi la salvezza, come l'aurora che risplende dall'alto.

Luca 1:78

All'inizio del mio rapporto con il mio fidanzato che successivamente è diventato mio marito, mi propose di fare un viaggio con la sua moto BMW a Roma. Attraversammo le Alpi con la neve fino alle ginocchia, siamo congelati fino a quasi a morire (almeno, io mi sono sentita così), e giungemmo sani e salvi nella bellissima città di Roma.

Roma è famosa per il suo cibo eccellente come i prosciutti, formaggi, verdure fresche, spaghetti, lasagna, pizza e gelato. Questa capitale italiana è molto conosciuta per i suoi siti storici come il Colosseo, la Fontana di Trevi, città del Vaticano, e in quel viaggio visitammo quanti più siti possibili nei pochi giorni che avevamo. L'antico impero Romano era principalmente una civiltà politeistica, ossia le persone riconoscevano e adoravano diversi dèi e dèe.

Gli dèi principali e le dèe della cultura romana erano Giove, Giunone e Minerva. La presenza e influenza degli dèi e delle dèe era parte integrante della vita dell'impero Romano. La popolazione di Roma costruì templi ai loro dèi e osservava rituali e festività per onorarli e celebrarli. Gli dèi Romani non erano interessati alla moralità delle persone, in netto contrasto con il Dio d'Israele.

Siamo pronti a puntare il dito alle altre cività e culture nel caso di adorazione di altri dèi, ma nel nostro continente Europeo oggi abbiamo anche noi una storia ricca di dèi e dèe che influenzano la nostra cultura e società. Basta pensare ai nomi dei giorni che compongono la settimana. Non usiamo i nomi ebraici, ma i nomi che sono stati dati dall'astrologia ellenistica, come Sole, Luna e Saturno. Usiamo nomi che derivano dalla mitologia Romana, Germanica e Norvegese come Tiw (Tuesday-martedì-marte), Odino (Wednesday-mercoledì-mercurio), Thor (Thursday-giovedì-giove), e Frigga (Friday-venerdì-venere).

Allo stesso modo ci siamo abituati a situazioni che oggi sono normali nella nostra società, ma non sono normali nel Regno di Dio. Pensate al divorzio e risposarsi. Pensate a vivere senza un giorno di riposo ogni sei giorni di lavoro. Pensate alla mancanza di onore dovuto ai genitori, pettegolezzi, invidiare ciò che hanno gli altri, consentire e promuovere l'aborto, e così via. Molti Cristiani non batterebbero ciglio nel partecipare a queste pratiche. Non sto scrivendo questo come giudizio verso qualcuno, ma per mostrare quanto ci siamo allontanati dallo standard di vita di Dio.

La Bibbia dice chiaramente quali sono le conseguenze se superiamo questi limiti. In Efesini 5:3-5,

Come si addice ai santi, né fornicazione, né alcuna impurità, né avarizia, sia neppure nominata tra di voi; né oscenità, né parole sciocche o volgari, che sono cose sconvenienti; ma piuttosto abbondi il ringraziamento. Perché, sappiatelo bene, nessun fornicatore o impuro o avaro (che è un idolatra) ha eredità nel regno di Cristo e di Dio

Potremmo non renderci conto di servire altri dèi, ma in un certo senso lo facciamo quando siamo invischiati in una o più attività tra quelle menzionate sopra, e questo include l'avarizia e l'immoralità o usare un linguaggio triviale. L'intera gamma del peccato di cui nessuno vuole parlare oggi.

Quando osserviamo i resoconti storici degli Israeliti, come altri gruppi etnici, tribù o nazioni, è chiaro che abbiamo fatto degli errori, che ci siamo allontanati, e non è così strano. In 1 Corinzi 12:2 è scritto:

Voi sapete che quando eravate pagani eravate trascinati dietro agli idoli muti, secondo come vi si conduceva.

Eravate trascinati in molti modi. Paolo non stava solo guardando al passato ma aveva anche una rivelazione profetica. Le persone sono ancora trascinate lontane in molti modi, perchè adorino idoli senza vita. Forse questi non sono più le immagini scolpite con facce cupe, ma sono gli spiriti (demoni), che si nascondono dietro le pratiche occulte, le filosofie, ideologie, dipendenze, desideri, avarizia e concupiscenza. Qualsiasi cosa si sia posta contro la morale e i principi spirituali della Parola di Dio, tutto ciò o chiunque si sia levato contro il Dio della Bibbia e il Suo Unto, Gesù Cristo. Salmo 2:1-3 è una profezia sull'atteggiamento di ribellione contro Dio.

1 Perché questo tumulto fra le nazioni, e perché i popoli meditano cose vane?2 I re della terra si ritrovano e i prìncipi si consigliano insieme contro l'Eterno e contro il suo Unto, dicendo: 3 "Spezziamo i loro legami e gettiamo via da noi le loro funi".

Questa è la menzogna nascosta dietro l'adorazione di altri dèi. Le persone credono all'astuta e ingannevole menzogna di Satana pensando di dover essere liberati dalla schiavitù del Dio dell'universo. Ma in realtà, le persone finiscono con l'essere schiavi di Satana, prigionieri di ogni tipo di dipendenza, paura, ansia e inquietudine. Si trovano ad essere legati dalle carte di credito o ansiolitici. Incontro persone, specialmente cristiani, che conoscono meglio gli effetti collaterali delle loro medicine che la potenza guaritrice di Dio e della Sua Parola!

Non è questo che Dio ha in mente per noi. Egli vuole che siamo liberi dalle preoccupazioni di questo mondo che se non facciamo attenzione ci allontanano da Lui. Egli vuole farci entrare in una relazione d'amore con Lui, desidera parlarci, guidarci e condurci con il Suo Santo Spirito. Quando Gesù lasciò la terra non lo fece lasciandoci orfani, ha mandato lo Spirito Santo, lo Spirito di verità che sarà con noi sempre. Lo Spirito del Dio vivente è il sigillo di appartenenza per coloro che confidano in Gesù per la loro salvezza. Che proposito! Un concetto che va al di là della bella storia da raccontare, perchè chiunque ha ricevuto questo Spirito può testimoniare che quando questo avviene cambia completamente la vita.

Guardando la mia vita, posso vedere che tutti i nostri viaggi e, in realtà, anche tutta la nostra ricerca, ci ha riportato a Dio, all'Unico e vero Dio della Bibbia. Il creatore del cielo e della terra, Signore dell'universo. Un Dio lontano, eppure così vicino. Un Dio glorioso con molti nomi, eppure così personale ed intimo e che ci chiama Suoi figli.

La Sua supremazia è ineguagliabile, insuperabile, e innegabilmente vera. Tutte le altre forze alla fine sono soggette a Lui e al Suo giudizio. La Bibbia dice che è cosa terribile cadere nelle mani del Dio vivente. Ma non per coloro che seguono Gesù, perchè quello sarà un ritorno a casa, ma per coloro che volontariamente lo rifiutano. È lo stesso per le forze malvage e corrotte delle tenebre, per i demoni dell'inferno e gli spiriti delle tenebre.

La domanda oggi è reale e molto personale: chi amerete e servirete con tutto il cuore e tutta la vostra forza? Poichè i tempi che viviamo diventano sempre più oscuri e pericolosi, prendete la decisione di servire solo Lui. Assicuratevi di non lasciare alcuno spazio al compromesso. Chiudete la porta ad ogni forma di idolatria. Tenete fuori dalla vostra vita gli altri dèi, per sempre! Perchè non fare parte della generazione che radicalmente segue il Signore?

Egli morì per tutti, affinché quelli che vivono non vivano più per loro stessi, ma per colui che è morto e risuscitato per loro. (2 Corinzi 5:15).

Meditate su quanto segue:

- *A che punto sono nel mio viaggio verso il cuore di Padre di Dio?*
- *Ci sono dei passi che devo ancora fare?*

Riportate i vostri pensieri:

15

La supremazia di Cristo

Al Dio unico, nostro Salvatore, per mezzo di Gesù Cristo nostro Signore, siano gloria, maestà, forza e potere, da ogni eternità, ora e per tutti i secoli! Amen.

Giuda 25

Ebbene, abbiamo detto molto sul primo comandamento. Il messaggio principale era e rimane che non dobbiamo avere altri dèi davanti a Lui. Questo invita ad una regolare introspezione e uno sguardo profondo alle nostre vite per vedere se ci sono attività, cose o pensieri che prendono del tempo prezioso. Tempo che potremmo e dovremmo spendere con Lui, che ha dato la Sua vita per noi, per vivere in comunione con il Signore. L'apostolo Giovanni ha scritto:

Sappiamo anche che Cristo, il Figlio di Dio, è venuto e ci ha aiutato a conoscere il vero Dio. Ed ora noi siamo uniti a Dio, perché siamo in Gesù Cristo, suo Figlio. È lui l'unico vero Dio e la vita eterna. Figli miei, state in guardia da tutto ciò che potrebbe prendere il posto di Dio nel vostro cuore! (1 Giovanni 5:20-21, NLT).

Così da conoscere il vero Dio. È possibile per chiunque sulla faccia della terra conoscere il vero Dio, che vuole essere conosciuto. Vorrei terminare questo libro con un'esortazione sulla supremazia di Cristo come la leggiamo in Colossesi 1:15-20,

Cristo è l'immagine del Dio invisibile primogenito della creazione. Infatti,

Cristo stesso è il Creatore che fece tutte le cose, sia in cielo che in terra, le visibili e le invisibili: sia i troni che i domini, sia le autorità che le potenze. Tutte le cose sono state create per mezzo suo e per la sua gloria.

Cristo esisteva già prima di qualsiasi altra cosa, e tutte le cose sussistono in lui.

Cristo è anche il capo del corpo costituito dalla sua gente, la Chiesa, che egli stesso ha fondato, ed è il primo di tutti quelli che risorgono dai morti. In ogni cosa Cristo è il primo.

Poiché Dio ha voluto essere presente in suo Figlio con tutto se stesso; e per mezzo suo ha riconciliato con sé tutte le cose, sia in cielo che in terra, si può dire che il sangue versato da Cristo sulla croce ha riappacificato tutti con Dio.

AMEN.

Appendice

I valori principali del Cristianesimo

«Ma questo è il patto che stabilirò con la casa d'Israele dopo quei giorni», dice l'Eterno: «Metterò la mia legge nella loro mente e la scriverò sul loro cuore, e io sarò il loro Dio ed essi saranno il mio popolo.»

Geremia 31:33

Come potrete leggere nella sezione che segue, (Come è iniziato tutto), i dieci libri che ho scritto basati sui Dieci Comandamenti, rappresentano i valori principali della vita cristiana. Questi valori centrali sono la base del credo vissuto ogni giorno nel nostro comportamento in relazione agli altri. Possono aiutarci a comprendere la differenza tra giusto e sbagliato e aiutarci a uscire dalle difficili sfide della vita.

Questa è l'opera dello Spirito Santo che Gesù ha dato liberamente a tutti coloro che pongono la loro fede in Lui. Lo Spirito Santo è il nostro Insegnante, Consigliere e Consolatore e ci dà rivelazione sulla Parola di Dio. Leggere la Bibbia e conversare con lo Spirito Santo sono elementi essenziali della vita quotidiana del credente.

Non farlo significa non crescere spiritualmente e rimanerre fermi nello stesso punto.

In tutti i dieci libri di questa serie ho ricercato ciò che lo Spirito Santo vuole fare in noi e attraverso noi. La lettera uccide, ma lo Spirito dà vita. Ogni libro tratta uno dei Dieci Comandamenti e insegna un principio spirituale di grande valore per il nostro cammino di fede.

Sebbene i Dieci Comandamenti non siano cambiati, il modo in cui essi diventano reali è completamente diverso alla luce del Nuovo Patto. Solo obbedire o osservare una serie di regole diventa legalismo. Tuttavia, come ha spiegato Gesù molte volte, mettere in pratica questa verità adempiendola nella nostra vita di ogni giorno è tutta un'altra cosa. L'apostolo Giovanni l'aveva compreso, infatti scrive:

Cari fratelli, amatevi a vicenda! Non è un comandamento nuovo quello che vi scrivo, ma antico, un comandamento che avete avuto da osservare fin da principio. È il messaggio che avete udito già tutti. D'altra parte è un comandamento sempre nuovo, valido per voi, come lo fu per Cristo; e se obbediamo a questo comandamento di amarci a vicenda, scompariranno le tenebre nella nostra vita e splenderà la vera luce di Cristo. (1 Giovanni 2:7-8, NLT).

Lo vedete? Gesù visse la verità dei comandamenti. Io credo che siamo chiamati a fare lo stesso. È così che respingiamo le tenebre!

Vorrei quindi riassumere i dieci libri di questa serie in ciò che io ho chiamato 'I Dieci Valori Principali' di una vita cristiana dedicata e fruttuosa. Non più l'enfasi sul fare e non fare, ma su ciò che potrebbe essere una vita guidata dallo Spirito Santo.

E ricordate che i Dieci Valori principali si riassumono in una sola parola che è **AMORE.**

1. **LEALTÀ**
    La nostra lealtà deve essere solo per Dio e non
    saremo distratti dalle preoccupazioni di questo
    mondo.

2. **ADORAZIONE**
    La nostra gratitudine e devozione verso Dio devono
    essere dimostrate in uno stile di vita di adorazione.

3. **PRESENZA**
    Ricerchiamo la presenza di Dio ogni giorno, stare
    davanti a Lui porta pace, guarigione e rivelazione.

4. **RIPOSO**
    Dobbiamo adottare un riposo sabbatico su base
    giornaliera, settimanale, mensile e annuale in modo

da sperimentare un benedetto equilibrio nella nostra vita quotidiana.

5. **RISPETTO**

   Mostriamo rispetto verso i nostri genitori, figli e Dio, acquisendo allo stesso tempo rispetto e questo ci darà una lunga e sana vita.

6. **VITA**

   Ci adoperiamo per la protezione della vita, da quella nel grembo alla vita degli anziani.

7. **FEDELTÀ**

   Siamo fedeli ai nostri coniugi e a Dio.

8. **GENEROSITÀ**

   Viviamo una vita di generosità che è la chiave per essere benedetti.

9. **VERITÀ**

   Ci leviamo per la verità e proclamiamo con forza i valori e principi della Bibbia.

10. **SAPIENZA**

   Non desideriamo le cose di questo mondo, ma ricerchiamo le virtù spirituali come la sapienza.

Come è iniziato tutto

È stato durante l'estate del 2004 che ho ricevuto la chiamata personale a scrivere il mio primo libro 'Sacred Sabbath – Sabato Sacro'. In realtà fu anche la prima volta che 'sentii' specificamente lo Spirito Santo che mi parlava. Sono arrivata alla fede nel 2001, quindi in quel periodo ero relativamente ancora una giovane credente. Sentire che mi parlava così chiaramente fu emozionante!

Cominciò così questo viaggio. Ho intrapreso alacremente il compito di scrivere un libro e ancor più di tutto, scriverlo in una lingua che non era la mia lingua madre. Quasi subito dopo questo emozionante incontro, sentii chiaramente lo Spirito Santo sussurrare di nuovo: 'voglio che li scrivi tutti e dieci'. E così cominciò a prendere forma la serie I Dieci Comandamenti nel 21° secolo, durante il periodo invernale quando io e mio marito vivevamo nel Sud della California.

Godevo nel procedere con la stesura del libro, ma allo stesso tempo la temevo. Ho lottato, pianto, procrastinato, eppure ho osato celebrare piccole vittorie. Ho dubitato delle mie capacità di scrittrice, la scelta delle mie parole, e la corretta conoscenza grammaticale, ma non ho mai dubitato delle parole che il Signore aveva sussurrato al mio cuore quell'estate. Ho lavorato senza sosta a questa serie di libri.

Guardando indietro, posso vedere chiaramente come è stato difficile il cammino. Quando il mio editore americano ha cessato l'attività, ho provato a cercare un altro editore, o perlomeno un agente che potesse riprendere il mio lavoro. In quel periodo mio marito e io non ci dividevamo più tra la California e i Paesi Bassi, ci eravamo trasferiti definitivamente in Europa, ed era diventato veramente arduo stabilire un contatto con un editore Americano, per cui decisi di autopubblicare i rimanenti libri della serie. La resa non è contemplata.

All'inizio di questo viaggio non avevo idea che mi ci sarebbero voluti più di diciannove anni per terminare i dieci libri. Ci sono stati attacchi, ritardi, scoraggiamento, ma nonostante tutto ho continuato a scrivere. Non sapevo quale sarebbe stato il titolo di ogni libro e il tipo di soggetto che poteva essere pratico e applicabile nella vita di ogni giorno. Pratico e applicabile, sì, ma ancor di pù, di natura profetica. Perchè profetica?

Perchè io credo che la società di oggi abbia un grande bisogno della Parola di Dio vivente e in azione, in modi che possano essere compresi da tutti – che siano istruiti o di scarsa cultura, ricchi o poveri, pensatori e facitori, peccatori e santi. La Sua Parola non ha perso di potenza e scopo, ma al contrario con l'avvicinarsi della 'fine dei tempi', abbiamo bisogno della verità e guida della Sua Parola come mai prima.

Mentre lavoravo al libro 'Veri Adoratori' nel 2020, la vita come la conoscevamo era stata sospesa. Il virus del Covid, o piuttosto, le misure prese dai goveni a livello planetario, hanno paralizzato la maggior parte delle attività relative alla scrittura e pubblicazione di libri. Nessun invito a presentare il lavoro, nessuna conferenza, nessun tavolo per i libri in chiesa... nulla. Fu abbastanza difficile mantenere l'impegno, ma ho continuato a scrivere. Lo dovevo fare, semplicemente perchè da quel mattino dell'agosto del 2004 ho visto un declino sociale e spirituale della nostra società. Per molte persone i principi e i valori biblici non sono più visti come il fondamento per la vita nel nostro mondo occidentale. Lentamente e inesorabilmente lo standard posto da Dio per il vivere comune è stato sostituito dallo standard di vita pagano: è la mia vita e posso fare ciò che voglio. Naturalmente non è così che Dio vuole che viviamo.

C'è sicuramente un equilibrio adeguato tra legge, grazia e libertà. In tutti i libri di questa serie, ho enfatizzato il fatto che sebbene non viviamo più sotto la legge, dobbiamo obbedire alla legge di Cristo, ossia essere guidati da ciò che lo Spirito Santo fa nelle nostre vite. Non si tratta più di ciò che *possiamo o non possiamo fare*, ma ciò che lo Spirito Santo vuole fare attraverso noi. Quindi, non rubare diventa dare con generosità, non dare falsa testimonianza significa parlare in verità, non usare invano il nome del Signore, significa usarlo con giusta ragione. Lo Spirito Santo ci guiderà nel modo in cui dovremmo vivere, se glielo lasciamo fare.

Per secoli, e forse ancora oggi, le persone religiose sono andate in giro puntando il dito sulle mancanze degli altri. Anche se è buono avvertire le persone che il loro peccato li porterà alla morte, questa *non è* la Buona Novella che siamo chiamati a condividere. Al contrario, credo veramente che dovremmo andare in giro sottolineando che c'è modo di ricevere perdono, grazia, un nuovo inizio, una vita nuova. Una vita che sarà buona eternamente.

In tutti i libri che formano questa serie, ho cercato di rendere la chiamata a predicare il Vangelo molto pratica. Le nostre vite dovrebbero essere un sermone che le persone leggono, un'immagine chiara per tutti. Possiamo parlare quanto vogliamo, ma se non viviamo ciò che predichiamo, è un parlare inutile, persino dannoso. Se dei buoni sermoni avessero avuto il potere di cambiare il mondo, questo sarebbe già un luogo migliore da tempo, perchè di certo ci sono delle buone predicazioni.

Non fraintendetemi – se siete chiamati a predicare, fatelo, non fermatevi! Il problema non è la predicazione in sè, ma con l'idea che molti non credenti hanno dei crisitani. Un'idea preconcetta forse, ma sicuramente non una bella immagine. Non incolpo nessuno, ma credo che tutti siano consapevoli che nei contesti mondani i cristiani siano visti come noiosi, ipocriti, vecchio stampo, rigidi, che giudicano, estremi ecc. Non sono sicura come siano arrivate tutte queste etichette, ma potrebbe cambiare.

Credo che Dio ci voglia in questo mondo, ma *non di* questo mondo. Dobbiamo essere diversi, dobbiamo distinguerci, vivere questi principi e valori divini, così come voleva che gli antichi Israeliti fossero un popolo santo, separato per una vita e uno scopo differente, in mezzo a persone pagane e molto spesso ostili. Uno di questi propositi era naturalmente portare il Messia, Yeshua, il nostro Signore e Salvatore.

Come credenti in quest'epoca moderna, siamo chiamati ad invitare le persone ad una relazione con Dio il Padre per mezzo del Messia per entrare nel regno di Dio, che è il Regno dove è fatta la Sua volontà. Un regno spirituale nel quale vigono regole e valori di gran lunga differenti da quelli del mondo. Più ci avviciniamo al ritorno di Cristo, più diventa chiaro che la morale di queste due realtà sono opposte. Per questo non dovremmo mischiare le idee del mondo con i principi biblici, un simile miscuglio diventerebbe un sistema di credo velenoso e mortale che distruggerebbe totalmente la credibilità del Cristianesimo e quindi di Dio.

Attraverso la storia abbiamo visto che le genti hanno spesso ignorato gli avvertimenti, e se c'è stato un tempo dove la lealtà è stata divisa questo è ora, il 21° secolo.

Triste a dirsi, ma abbiamo spesso tollerato il peccato, l'empietà, illegalità e distruzione che sono entrati nella nostra vita in ogni modo possibile. Ma siamo chiamati a rimanere fermi. Abbiamo bisogno di coraggio, guida divina, e una migliore comprensione su come applicare la Parola di Dio nelle nostre vite ogni giorno, per rimanere fermi in un mondo malvagio. È mia speranza e preghiera che questa serie di libri possa fornire delle verità bibliche pratiche ed applicabili per aiutarci non solo a sopravvivere, ma a prosperare in una società che sempre più rapidamente sta annegando in un profondo mare agitato.

Ho tutte le risposte? No! Ma so di certo che ogni credente ha bisogno ogni giorno di incoraggiamento, di essere esortato a vivere quotidianamento la fede. Incentivato a correre bene la sua corsa, ed essere una testimonianza vivente della bontà e amore di Dio. Grazie a Dio, la Bibbia ha avuto, e ha ancora, le risposte e la cura per sanare le persone e la nostra società. La Bibbia, ossia l'Antico e il Nuovo Testamento. Spero e prego che attraverso questa serie di libri che i Dieci Comandamenti non abbiano perso di valore nel corso del tempo. Per dirlo con altre parole, credo che siano più importanti di quanto immaginiamo ed è per questo che voglio definirli i valori fondamentali della fede cristiana.

Un valore fondamentale è un principio o credo che una persona o organizzazione reputa di importanza centrale.

Posso dire con certezza che i Dieci Comandamenti descrivono i valori prinicipali di una vita cristiana dedicata. No, questo non significa che li stampiamo e li appendiamo sulle pareti di casa, anche se questo può essere un grande promemoria; i principi spirituali sono il fondamento di questi comandamenti, i valori corali che sono radicati nell'amore di Dio.

È mia sincera preghiera e speranza che possiate vivere questi valori in una vita di amore, perchè

L'amore non fa male a nessuno, ecco perché soddisfa in pieno tutto ciò che Dio richiede da noi (Romani 13:10).

Bibliografia

Disponibili anche in Inglese:

Primo Amore, (First Love) *Abbracciare la sfida di coltivare relazioni fedeli (2022)*

Amore, finchè morte non ci separi. Queste parole, promesse e voti... significano ancora qualcosa nel nostro mondo di oggi? È possibile amare e continuare ad amare? È possibile essere fedeli fino alla fine?

Siamo onesti, come esseri umani abbiamo fatto un grande disastro nell'amarci gli uni gli altri. Abbiamo anche fatto disastri nell'amare Dio. Abbiamo fallito spesso nel mantenere le nostre promesse, ci siamo arresi alla tentazione, e ci siamo traditi e feriti in molti modi. Nella nostra società, l'amore è stato sostituito dalla concupiscenza, la fedeltà con la fantasia, la purezza con la perversità. Questo non è avvenuto dall'oggi al domani naturalmente, ma è stato un lento declino di valori e morale che erano basati sui principi e insegnamenti biblici.

Quando Dio disse: 'Non commettere adulterio', era serio e lo è ancora. Poichè il nostro amore umano è limitato, abbiamo bisogno del Suo amore divino nelle nostre vite per poter amare gli altri. Comincia tutto con il ricevereil

Suo amore, con il rinnovare la nostra comprensione di quell'amore, e ravvivare il nostro amore per Lui. Ciò che Dio vuole stabilire nelle nostre vite spirituali, le userà nelle nostre circostanze di ogni giorno. Dopo aver letto il libro avrete:

- una miglior comprensione dell'amore di Dio per le persone
- saprete di essere amati da Dio
- sarete incoraggiati nel ravvivare la vostra relazione con Dio, con il vostro coniuge e le altre persone
- sarete ispirati ad amare gli altri come Dio vi ama
- bandire la noia dalla vostra vita
- essere determinati a rimanre fedeli fino alla fine.

Veri Adoratori, (True Worshipers) *Rispondere alla chiamata del Padre per uno stile di vita di vera adorazione* (2020)

Vincitore Medaglia di Bronzo 2021 Illumination Book
'Christian Living'

Non avevamo mai pensato potesse avvenire in poche settimane e certamente non a livello mondiale, ma è successo. Le nostre chiese hanno dovuto chiudere le porte, sebbene temporaneamente, in risposta alle direttive del governo per arginare un'epidemia virale.

Questo ci porta ad una domanda realistica e profonda. Cosa rimarrebbe del nostro cristianesimo moderno quando viene tolto tutto: gli edifici, le riunioni, il denaro, la potenza, i titoli, la teologia, la musica e i concerti. Cosa rimarrebbe? Ci troveremmo nuovamente in ginocchio, senza nulla. Niente effetti speciali, niente corale, nessuna struttura, nessuna liturgia da seguire. Solo noi, sul pavimento... aspettando che Dio parli, aspettando che Lui venga. Dopo oltre duemila anni di cristianesimo, potremmo trovarci nuovamente in ginocchio, a mani vuote, con nient'altro se non il nostro tempo e le nostre vite da offrirGli.

Gesù ha profetizzato che sarebbe giunto il tempo quando per la potenza dello Spirito di Dio, le persone avrebbero adorato il Padre come Egli è, offrendo solo a Lui la vera adorazione che Egli desidera. Vi siete mai chiesti come sarebbe l'adorazione? Comincia dove termina l'idolatria. Sì, ci vuole un potente movimento dello Spirito Santo perchè il nostro cristianesimo istituzionalizzato possa effettuare la transizione nel cristianesimo relazionale. E sì, questo processo comincia nel cuore di ogni credente. Risponderemo alla chimata del Padre per uno stile di vita di pura devozione?

Nel mio Nome (In My Name), *Invitare la santa presenza di Dio nelle situazioni quotidiane* (2018)

Una cosa è dichiarare che non usiamo il nome del Signore invano, ma cosa facciamo? Stiamo portando onore al Suo nome? Abbiamo un amore vero per il Suo nome? E più che tutto, tutto ciò che diciamo e facciamo è nel Suo nome? La lettera nell'Antico Testamento dice di 'non usare il nome del Signore invano', ma Gesù sprona ogni credente ad 'onorare il Suo santo nome'. Scopriremo come questo comandamento può diventare pratico e applicabile per i credenti oggi, non concentrandoci su ciò che non possiamo fare, ma focalizzandoci su ciò che lo Spirito Santo vuole fare in noi e attraverso noi. Che il nome di Dio sia usato con potenza, scopo e riverenza nel ministrare efficacemente in tutto il mondo e così facendo essere una generazione che adempie le antiche Scritture, ora nel 21° secolo.

Spirito di verità (Spirit of Truth), *Trovare certezza e rimanere fermi in un mondo travagliato* (2016)

Una delle più famose domande mai fatte nella storia dell'umanità, fu quella con cui disperatamente Pilato confrontò Gesù: 'che cos'è verità?' In Spirito di verità il lettore è sfidato a rispondere alla domanda di Pilato e andare alla ricerca di quella certezza che metterà fine a tutte le dispute, tutti gli errori, tutti i dubbi: la verità con la V maiuscola. Scoprire l'importanza di vivere e parlare in verità e scoprire come levarsi per i valori e principi biblici in un mondo che sembra aver iniziato una discesa senza freni nell'illegalità.

La casa del vicino (My Neighbor's House), *Scavare in profondità per trovare il tesoro che soddisferà il desiderio del vostro cuore.* (2013)

Cosa fare delle vecchie pagine di Esodo 20 ai giorni nostri e nella nostra epoca? Come applicarle alla nostra vita quotidiana? Una cosa è dire "Oh, io non invidio il mio vicino, la sua casa, la macchina o sua moglie. Non desidero ciò che ha qualcun altro." Ma, pensandoci bene, cosa desiderate? Quali sono i desideri del vostro cuore? Avete passione per le cose giuste? In questo quinto libro della serie I Dieci Comandamenti, imparerete a desiderare cose di valore e applicare la Parola di Dio nella vostra vita quotidiana.

La grazia del donare (Grace of Giving), *Girare la chiave per entrare e sperimentare pienezza di vita* (2011)

Vincitore della Medaglia d'oro 2011 del Reader's Favorite 'Best Christian Non-Fiction'

Una cosa è dichiarare che non rubiamo, ma la domanda logica subito dopo sarebbe, "Che cosa facciamo? Come passiamo dalla semplice obbedienza a questo comandamento ad adempierlo nelle nostre vite di ogni giorno? È possibile diventare veramente dei "donatori allegri?" Nel suo premiato libro La Grazia del Donare, il quarto di questa serie, Marja risponde a queste domande entrando in profondità nel comandamento 'non rubare'.

L'autrice offre una visione fresca e liberatoria dell'ottavo comandamento, mentre condivide come possiamo lasciarci alle spalle la via del ladro, che vuole sempre di più, di più e di più. Nel suo stile abituale passo-dopo-passo, rivela la via del Maestro, che è gioiosa, abbondante, un dare che costa che ci condurrà nella vita e nella sua pienezza!

Soffio di Vita (Breath of Life), *Un viaggio nell'origine e proposito dello Spirito, anima e corpo*. (2008)

Come esseri umani, siamo fatti all'immagine e somiglianza di Dio. L'unicità del disegno dell'essere trino: spirito, anima e corpo, eppure uno. L'autrice conduce il lettore in un viaggio nel nostro principio terreno e oltre. Basato su concetti biblici e base Scritturale, ha dipinto un'immagine artistica di un Dio pieno di colore e amore che è la fonte di ogni vita. Soffio di vita è basato sul comandamento di non uccidere e tratta il cuore della nostra esistenza: la vita prima e dopo il concepimento.

Respectfully Yours, (Rispettosamente Tuo)
Rivelare la verità di Dio per una lunga vita di benessere
(2007)

Rispettosamente Tuo è il secondo libro in questa serie de I Dieci Comandamenti nel 21° secolo. Basato sul comandamento di onorare padre e madre, tratta in modo più ampio la vita famigliare – il rispetto reciproco tra Dio, genitori e figli. La lettera nell'Antico Testamento diventa vita mentre l'autrice Marja, spiega la nuova via dello Spirito. Questo libro non è solo uno studio breve e comprensibile, ma è una provocazione a girare pagina e trasformerà la vostra visione della relazione genitore-figlio!

Sacred Sabbath, (Sabato Sacro) *Il metodo di Dio per moltiplicare il nostro tempo e ridarci gioia* (2006)

Sacred Sabbath è il primo libro della serie I Dieci Comandamenti nel ventunesimo secolo. È uno studio breve e semplice da comprendere, che scava in profondità per trovare perle di sapienza, per chiunque voglia vivere la vita che Dio aveva in mente quando creò l'umanità. Spiega come possiamo adempiere la Legge in uno spirito di amore come ha fatto Gesù. Sacred Sabbath guiderà il lettore in un cambiamento interiore e non solo un'esperienza esterna.

Visitate l'autrice su www.marjameijers.com

www.ingramcontent.com/pod-product-compliance
Lightning Source LLC
LaVergne TN
LVHW051538170726
843492LV00006B/1837